Termina la codependencia

Estrategias saludables que te ayudarán a retomar el control de tu vida, establecer límites y terminar con la codependencia para siempre

LETICIA CABALLERO

Nota legal

El siguiente documento se reproduce a continuación con el objetivo de proporcionar información lo más precisa y confiable posible.

Esta declaración se considera justa y válida tanto por el Colegio de Abogados de los Estados Unidos como por el Comité de la Asociación de Editores y es legalmente vinculante en todo Estados Unidos.

Además, la transmisión, duplicación o reproducción de cualquier parte del siguiente trabajo, incluida la información específica, se considerará un acto ilegal, independientemente de si se realiza de forma electrónica o impresa. Esto se extiende a la creación de una copia secundaria o terciaria del trabajo o una copia grabada y solo se permite con un consentimiento expreso por escrito del editor. Todos los derechos reservados.

La información en las siguientes páginas se considera en general como una descripción veraz y precisa de los hechos y, como tal, cualquier falta de atención, uso o mal uso de los datos en cuestión por parte del lector, hará que las acciones resultantes sean únicamente de su competencia. No hay escenarios en los que el editor o el autor original de este trabajo puedan ser considerados responsables de cualquier dificultad o daño que pueda ocurrirle al lector tras analizar la información aquí descrita.

Además, la información en las siguientes páginas está destinada únicamente a fines informativos y, por lo tanto, debe considerarse como universal. Como corresponde a su naturaleza, la información presentada no garantiza su validez ni su calidad provisional. Las menciones a marcas comerciales se realizan sin consentimiento por escrito y de ninguna manera puede considerarse que hay un respaldo del titular de la marca comercial.

Índice

Introducción......6

Capítulo Uno: La codependencia daña......19

Capítulo Dos: La pena silenciosa y sus síntomas......43

Capítulo Tres: Comenzando la recuperación......65

Capítulo Cuatro: Sanando las heridas......84

Capítulo Cinco: Conectándote con el placer......103

Capítulo Seis: El problema con tus relaciones 123

Capítulo Siete: Haciendo que tus relaciones funcionen......142

Capítulo Ocho: El camino del perdón......161

Capítulo Nueve: Manteniendo la sanación......179

Epílogo......194

Introducción

Todos tenemos a alguien importante en nuestra vida que hace que nuestros días tengan un sentido, que nos dan la fuerza para levantarnos todas las mañanas y dar todo lo que tenemos dentro para ser mejores personas. Tener a una pareja o familiares cerca, generalmente, tiene un impacto positivo en nuestra salud física y mental, es parte fundamental de cómo se estructura nuestra sociedad como seres humanos, somos animales sociales, necesitamos de otros para sobrevivir y prosperar en nuestras vidas. Sin embargo, hay ocasiones en las que tratamos de dar más de lo que tenemos, en las que pensamos primero en las necesidades de esa persona especial y nos olvidamos de las nuestras. Hay ocasiones en las que queremos arreglar el mundo para que todo sea perfecto para esa persona especial y que nada en el mundo pueda hacerle daño. Pero estas son expectativas imposibles de cumplir, y cuando decidimos vivir bajo falsos preceptos lo único que hacemos es dañarnos a nosotros mismos.

Cuando pensamos más en la vida y el bienestar de otros que en nosotros mismos, cuando sacrificamos nuestro tiempo y nuestra energía para que alguien más pueda vivir su vida al máximo, nos estamos creando problemas y trastornos en la mente que afectan significativamente nuestra calidad de vida. A causa de este comportamiento algunas personas libran una batalla diaria contra sus emociones, se sienten inseguros, desganados, faltos de valor, tanto que realizar las tareas más comunes se convierte en una empresa imposible o tortuosa, algo tan sencillo como tomar un baño, ir al trabajo o cepillarse el cabello los llena de estrés y de una presión tan grande que prefieren no hacerlo, para ellos es mejor tomar una siesta o pasar toda la tarde viendo su celular, distrayendo su mente para no pensar en sus problemas. La fuente de todos sus inseguridades o problemas es alguien más, para ser exactos, es la obsesión que tienen con esa persona, a esto se le ha llamado en el mundo de la psicología como codependencia.

La codependencia se puede presentar en cualquier lugar, dentro de nuestras casas, con nuestros familiares o en nuestros espacios de trabajo, podemos ser codependientes de nuestra pareja, algún miembro de nuestra familia, un compañero de trabajo o un jefe altamente demandante. Esta es una situación con la que quizás te has encontrado a lo largo de tu vida o que se puede desarrollar en tu edad adulta, no hay una edad para volverse codependiente, todo comienza como buena voluntad, con tus deseos de ser una persona de utilidad, caritativa y confiable, pero si te encuentras con una persona tóxica y abusiva, tu relación se puede transformar de manera drástica y te puedes ver atrapado en una situación de codependencia que puede arruinar todos los aspectos de tu salud mental.

La codependencia se ha estudiado con detenimiento durante los últimos años, se han delimitado sus síntomas y se han desarrollado técnicas terapéuticas para combatirla. Las personas que sufren de esta condición no están locas, no tienen un desorden biológico, como una lesión cerebral o un desajuste de su química cerebral, sino que pueden ser vistos como adictos. Adictos a complacer, adictos a controlar a las personas que los rodean, adictos a la aprobación externa y adictos a despreciar sus propios instintos y convicciones. La buena noticia es que esta adicción puede ser superada con la ayuda adecuada. Este es un comportamiento que se aprende con el tiempo y de la misma forma como aprendes estas tendencias negativas, puedes desaprenderlas.

El primer paso para enfrentar este problema siempre será reconocer que tenemos un padecimiento, en este libro te presentaremos algunas técnicas para distinguir si tienes o no tendencias de codependencia. Este padecimiento se puede tratar de distintas maneras, todo lo que necesitas es estar en contacto con tus emociones y tener las herramientas adecuadas para encararla. La codependencia puede ser superada, las personas que se acercan a un profesional o que hacen una profunda autocrítica pueden tener vidas normales y crear relaciones interpersonales saludables y productivas. Si sospechas que tú eres presa de tendencias codependencias, no tienes que preocuparte, no estás solo, miles de personas sufren diariamente al igual que tú, pero más importante, miles de personas luchan día a día para superar esta limitante, no todo es oscuridad al final del camino.

Una vida libre de codependencia es una vida de oportunidades, imagina tener relaciones saludables en tu casa y en tu oficina, encontrar el balance perfecto entre tu sentido del deber y tu sentido de autopreservación. Superar esta condición significa dejar de tener problemas en cuanto al control de tus seres cercanos o las situaciones que se presentan a lo largo de tu vida, de tal forma que podrás tener una vida más pacífica, con mucho menos estrés y tensión. Una persona que supera los efectos de esta condición puede prosperar en todo lo que se proponga. Puedes pasar menos tiempo preocupándose por lo que hacen o no hacen tus personas cercanas y tener más tiempo de calidad para dedicarte a perseguir sus sueños en lugar de seguir los sueños de otros. Solo imagina cómo sería tu vida si no tuvieras la constante sensación de que tienes la obligación de ayudar a los demás, de poner en primer lugar sus necesidades y sacrificar tu bienestar para que las personas a tu alrededor sean más felices, sería como vivir en otro planeta.

Es un camino difícil de recorrer, pero no imposible, hay personas con un largo historial de abusos familiares o de pareja, personas que han luchado su vida entera contra la codependencia y que han podido salir adelante para construir la vida que se merecen. Todos tenemos derecho a ser libres y tener relaciones que nos aporten felicidad y bienestar, piensa que si estás pasando por momentos muy oscuros esto no significa que es tu destino ser infeliz, recuerda que la noche siempre es más oscura justo antes del amanecer. Si realmente estás decidido a cambiar, si has dado el primer paso hacia una vida libre de codependencia, entonces puedes estar orgulloso de ti mismo, lo más difícil siempre es tomar la decisión de cambiar y dar el primer paso, pero verás que hay un gran número de beneficios que te esperan al final del camino amarillo. Tener el control sobre ti mismo y sobre tus impulsos de ayudar a alguien más de forma compulsiva es lo único que te separa de la paz y la prosperidad mental y física.

Al leer este libro podrás entender mejor esta enfermedad y tendrás herramientas útiles para combatirla y arrancarla de tu vida de raíz. Hay cuatro punto claves que debes conocer para poder dejar de ser codependiente. Lo primero que debes sacar en claro de esta lectura es que la codependencia es una adicción. Debes entender este trastorno como una adicción porque tu cerebro se comporta de la misma manera en la que lo hace el cerebro de alguien con farmacodependencias, es decir, que tu cerebro crea dependencia a ciertos comportamientos y se enfoca tanto en estos que te es imposible realizar tu vida diaria de forma natural. Las personas con una adicción están conscientes de que tienen un problema, aun así les resulta imposible dejar de reproducir estos comportamientos nocivos. Esto se debe a que su cerebro está programado de una manera que no pueden controlarse, los estudios han demostrado que las personas con adicciones tienen deficiencias en las áreas del cerebro que se relacionan con la toma de decisiones, el juicio, el aprendizaje, la memoria y el autocontrol. En pocas palabras, podemos decir que la adicción es la que toma las decisiones en lugar de tu conciencia, por lo que es necesario un tratamiento especial para reprogramar el cerebro y recobrar el control sobre el comportamiento del paciente.

El segundo punto central de esta obra es que la persona codependiente tiene una baja autoestima y un deseo desmedido de controlar a los demás. Esta es una combinación que resulta muy perjudicial para las personas que sufren de esta condición, su baja autoestima los lleva a pensar que no son valiosos, que sus necesidades son caprichosas y por lo tanto desechables. A su vez, su deseo de controlar su entorno y las personas que los rodean se debe a que su sentido del deber los hace sentir obligados a ser proveedores o salvadores. Este desequilibrio es una de las características principales de esta enfermedad, por un lado se sienten menos que los demás y que están obligados a solucionar o facilitar la vida de otros, especialmente de personas con problemas de adicciones o con comportamientos abusivos. Hablaremos de esta relación entre las adiciones y la codependencia con más profundidad a lo largo de este libro, por ahora centrémonos en los efectos que tiene esta enfermedad en el paciente.

El siguiente punto clave es entender que la dependencia excesiva nunca logra ayudar a las personas ligadas al codependiente, sino todo lo contrario, empeora sus vidas y sus relaciones. Hay un límite muy delgado entre ser una persona útil que se preocupa por hacer crecer a sus seres queridos y una persona codependiente que hace más difícil la vida de los demás con sus comportamientos nocivos. Uno de los principales objetivos de este libro es que puedas distinguir esta diferencia para que puedas dosificar tus esfuerzos y no te conviertas en una carga para las personas que te rodean. Recuerda que todo en exceso es malo, a veces querer ayudar demasiado puede ser un problema, si no encuentras un balance entre tus deseos de ayudar y aquello que es realmente conveniente para los demás, entonces le estarás haciendo un mal a las personas por las que te preocupas. Esto le sucede a muchas personas, no solo a aquellas que sufren de codependencia, a veces podemos hacer un daño al tratar de ayudar a los demás, sin importar que tan buenas sean nuestras intenciones.

Por último, el cuarto punto clave de esta obra es que el camino hacia la sanación comienza con la aceptación de la codependencia y con el cuidado propio. Tú eres el único que puede controlar tu vida, no importa que tan sumido estés en tus sentimientos negativos o qué tanto dependes de alguien más, solo tú puedes liberarte de este peso que te impide salir adelante. Con una autoestima saludable y dedicándote a cuidar de ti mismo puedes dejar atrás la codependencia, estos son los primeros pasos que las personas deben dar para poder curarse, si no tienes fe en ti mismo y te das un lugar central en tu vida entonces te será imposible alejarte de esta condición.

Estos son los puntos claves sobre los que gira este libro, cuando termines de leerlo serás conciente de ellos y podrás retomar el control de tu vida, así como de tus relaciones interpersonales. El camino hacia una mente sin dependencia es largo, necesitarás de paciencia y de fuerza de voluntad para llegar al final, pero te podemos asegurar que cuando termines de leer esta obra tendrás las herramientas adecuadas para enfrentarte a esta y otras enfermedades relacionadas. El objetivo general de esta obra es exponer todas las caras de esta enfermedad para que así tú puedas ayudarte a ti mismo, y, por ende, ayudar a los demás a superar la codependencia, siempre y cuando sea en ese orden, tú primero y los otros después. Debes entender que no tiene nada de malo poner tus sueños y necesidades por encima de los demás, si de verdad sientes la vocación de ser de utilidad y ayudar a las personas que te rodean, entonces primero debes ser una persona estable y sana, de otra forma jamás podrás ser de ayuda para nadie.

No dejes pasar la oportunidad de superar la codependencia, el camino hacia la sanación está justo enfrente tuyo, al leer este libro estarás dando los primeros pasos hacia una vida más plena, una en la que tus relaciones interpersonales te aporten cosas buenas y en la que realmente puedas ser de ayuda a tus seres queridos. Al final del día eres tú quien se está haciendo más daño, el poder para recuperarte está dentro de ti, no importa cómo hayas desarrollado la dependencia excesiva, la última palabra la tienes tú, no naciste siendo codependiente, es algo que fuiste aprendiendo a lo largo de tu vida, por eso mismo es algo que puedes cambiar. Si realmente quieres dejar atrás esta condición has llegado al lugar adecuado, con nuestros consejos y conocimientos sobre el tema podrás dar el primer paso hacia una vida libre y llena de satisfacciones.

Capítulo Uno:

La codependencia daña

En este capítulo hablaremos de las nociones básicas de la codependencia, aprenderemos un poco sobre la historia de este padecimiento y cuáles son algunas de las características que distinguen a una persona con esta condición. Es de vital importancia que partamos desde lo más básico para que así podamos comprender qué es la codependencia y cómo esta afecta tu vida. Muchas personas suelen confundir su enfermedad con una simple necesidad de ayudar a los demás, es algo más complejo, una gran número de individuos muestran tendencias a ser codependientes, pero a veces estas tendencias no se desarrollan por completo. Hay una serie de factores que hacen que estos comportamientos se intensifiquen o disminuyan, por ello es importante que aprendamos cuáles son los componentes esenciales de la codependencia.

Ya en la introducción hemos hablado un poco de algunas de las características de esta enfermedad, por ejemplo una baja autoestima y un deseo de control desmedido, pero estos son síntomas que se relacionan con otras condiciones, lo que realmente hace único a este trastorno es la relación disfuncional que se establece entre dos o más personas. La condición esencial que define lo que realmente es ser codependiente es una relación de dependencia enfermiza, es decir, que se necesita de una persona que sea el origen y el fin de los comportamientos nocivos del paciente.

Una de las primeras definiciones que se crearon de codependencia fue como un vínculo patológico en el que se manifiesta una tendencia excesiva por hacerse cargo o asumir las responsabilidades de un familiar con problemas de alcoholismo. Veamos esta noción con más detenimiento.

La historia de la codependencia

El concepto de codependencia se comenzó a usar primeramente en los años setenta para describir a una persona que tenía una relación íntima y directa con un alcohólico y que le otorgaba los medios para continuar con su adicción. Se podía aplicar a un amigo o familiar que encubría al enfermo, que le facilitaba el acceso a las bebidas alcohólicas y que lo defendía ante otras personas. El codependiente era aquel que cuidaba, corregía y salvaba al adicto, involucrándose en situaciones de vida conflictivas, sufriendo frustración ante las recaídas y el empeoramiento del enfermo. Estas personas llegaban a desarrollar los mismos comportamientos negativos que el adicto e incluso comenzaban a beber juntos. Los psicólogos y profesionales de la salud fueron notando que estas tendencias se podían distinguir en un amplio número de pacientes, en los años ochenta se comenzó a utilizar este término en las personas que tenían una pareja o familiar farmacodependiente.

Con el tiempo el término comenzó a extenderse más allá de los familiares de alcohólicos o drogadictos hacía todas aquellas personas que desplegaban relaciones de dependencia excesiva con enfermedades crónicas como esclerosis múltiple, cáncer o Alzheimer. En la actualidad se cataloga como codependiente a aquella persona que muestra la necesidad de tener control sobre otros, tiene una baja autoestima debido a una autovaloración negativa, tiene dificultad para poner límites, reprime sus emociones, hace propios los problemas ajenos y además, se siente víctima porque sacrifica su propia felicidad para hacer feliz a la persona con la que se crea el vínculo dependiente patológico. No todos los pacientes responden a la codependencia de la misma manera, algunos toman posiciones distintas respecto a la persona a la que son dependientes, esto ha servido a los expertos para hacer diferentes clasificaciones sobre la codependencia.

Tipos de codependencia

Los especialistas han hecho una tipología del codependiente basándose en la relación que hay entre una persona adicta a alguna sustancia y sus seres cercanos. Esta clasificación se basa en la intensidad que tiene la relación entre el codependiente y la persona enferma. Hay cuatro clasificaciones principales:

- El codependiente directo: es aquel que se involucra directamente con la adicción del enfermo, esto puede ir desde proporcionar dinero para comprar drogas o alcohol, defenderlo ante sus amigos y familiares, y proporcionarle un lugar seguro en el que pueda consumir las sustancias nocivas sin que sea confrontado o juzgado por los demás. Esta clase de codependiente es el que más daño le hace al enfermo, todo bajo una falsa idea de protección.

- El codependiente indirecto: es el que mantiene una conducta de oposición ante la adicción, sin embargo no se compromete con el mejoramiento del adicto, al contrario, le protege y evita que sea sancionado por sus acciones negativas.

- El codependiente tolerante: este desempeña un papel de mártir, su intención no es modificar de manera positiva o negativa el comportamiento del adicto, simplemente se posiciona como un espectador de la autodestrucción de su ser querido, resaltando los aspectos nobles y buenos que hay en el adicto.

- El codependiente perseguidor: este es el familiar que más se involucra con la conducta del adicto, busca controlar todos los aspectos de la vida del enfermo, despliega un comportamiento obsesivo en el que busca incansablemente estar al tanto de lo que hace el adicto en todo momento. Enfoca todos sus esfuerzos en sacar al adicto de sus problemas pero con muy poco éxito, ya que sus métodos generalmente suelen ser crueles y nocivos en extremo.

Esta clasificación puede aplicarse a otras personas sin importar si tienen un familiar adicto o con una enfermedad de gravedad, el vínculo nocivo se puede presentar por distintos motivos. Estas tendencias se pueden presentar también en los entornos familiares en los que uno de los padres está ausente, así como con padres con trastornos de ansiedad o del estado de ánimo. El componente principal en una relación de codependencia siempre es una carencia que impide el desarrollo saludable de relaciones entre los miembros de un hogar. La codependencia hace referencia a una dependencia emocional con un vínculo patológico de aquellos que sufren una adicción, la diferencia entre el adicto y el codependiente se da en el objeto de consumo, en el primer caso es a una sustancia y en el segundo a un apego desmedido.

¿Qué efectos tiene en la familia?

Vivir dentro de un hogar codependiente tiene efectos negativos en todos los miembros de esa familia. Esto se ha comprobado desde los años setenta cuando se hacían estudios en las familias de alcohólicos o drogadictos. No solo los adictos y la pareja son los afectados, se pueden percibir afectaciones en la forma en la que los hijos se desarrollan. Como resultado de esta situación de codependencia en una familia con un miembro adicto o enfermo se pueden percibir distintos tipos de afectaciones en los hijos, las cuales pueden ser clasificadas como:

1. El niño adulto o héroe, quien toma el rol de padre/madre frente a sus hermanos y que se convierte en el protector del progenitor drogodependiente. Este niño generalmente pierde su infancia y es el ejemplo ante los demás de que es una familia funcional.

2. El niño perdido, este es el que pasa desapercibido, suele estar solo, busca relaciones fuera de la familia y se mantiene alejado física y mentalmente del entorno familiar.

3. El hijo problema, manifiesta una conducta desafiante, agresividad no controlada, su papel es ser el centro de las agresiones para así proteger a sus padres y hermanos.

4. El hijo bromista, es frágil e inmaduro, tienen muchos amigos y suele ser agradable, busca la aprobación de los demás por medio de bromas y ponerse en ridículo.

Como podemos ver estos roles buscan suplir alguna carencia, la enfermedad de los padres hace que los hijos asuman posiciones que les permitan lidiar con los problemas que se enfrentan dentro de su hogar. Estos son mecanismos de defensa que les permiten sobrellevar su día a día, sin embargo, no es posible que sean personas normales, las afectaciones que sufren son profundas y tienen repercusiones que pueden perseguirlos por el resto de sus vidas.

¿Qué no es?

Históricamente se han relacionado los comportamientos asociados con la mujer, cuidar y proteger, como codependencia, no obstante esto parece ser una exageración, no se puede atribuir esos comportamientos como algo específico de las mujeres, ya que los condicionamientos sociales y culturales han determinado una alta prevalencia de mujeres con esta enfermedad. Preocuparse por sus hijos y sus familiares no es el principio de la codependencia, no hay nada de malo en querer proteger a tus seres amados, este es un instinto que se ha observado en todas las especies. Debemos ser conscientes que para que se presente la codependencia los comportamientos nocivos deben ser en ambas direcciones, en una relación de abusador y abusado es necesario que se presente un vínculo en el que los dos sean responsables de su degradación.

Desde el embarazo las mujeres crean un vínculo que las prepara emocionalmente para recibir a sus hijos, esta preocupación materna primaria las convierte en la persona más indicada para hacerse cargo de sus hijos. La diferencia fundamental entre un familiar amoroso y uno codependiente son los resultados que tienen las relaciones interpersonales dentro del hogar. Una persona codependiente no puede aportar al crecimiento personal de otras personas, al contrario su constante control y vigilancia resulta en un daño para el desarrollo de la personalidad y el autoestima de la pareja o de los hijos. Una madre controladora puede tener muchas de las características de un codependiente pero para poder ser clasificada de esta manera debe haber una respuesta negativa por parte de los hijos o la pareja.

La codependencia en la cultura

Vivimos en una cultura que muchas veces alienta la codependencia al reforzar valores que son dañinos para la persona. En esta sociedad en la que vivimos se le da una prevalencia muy grande a cuestiones estéticas y económicas que ponen presión sobre los individuos para llenar estándares que no son realistas y que hacen que las personas pasen la mayor parte de su vida luchando para complacer a los demás, aún por encima de su bienestar. Algunos de los valores dañinos que impulsa nuestra cultura son:

- Materialismo: La cultura se enfoca en aspectos externos como el dinero y las posesiones, y toma estas como la medida de valor de las personas. Eres lo que tienes es la lógica que impera en nuestra sociedad, en lugar de tomar como medida el tipo de persona que eres. Consecuentemente, cuando una persona codependiente experimenta problemas de este tipo puede buscar una solución externa, como el uso de sustancias químicas o medicamentos controlados, para solucionar sus problemas internos.

- Perfeccionismo: La perfección se busca en todas las áreas de la sociedad, como en el trabajo, en la academia, la belleza y más importante, en nuestras relaciones. Esto predispone a las personas codependientes a fallar porque las personas somos inherentemente imperfectas y es imposible alcanzar la perfección en estas áreas. De tal manera que las personas codependientes tienen muchas dificultades de aceptarse como son en realidad, a reconocer sus logros por muy pequeños que sean y a fallar en sus relaciones interpersonales porque no logran que todo sea "perfecto".

- El racionalismo: En nuestra sociedad los individuos son alentados a pensar en lugar de sentir, se tiene la idea de que estos procesos son distintos y de que los sentimientos tienen un valor menor. Negar los sentimientos es algo muy peligroso para las personas codependientes porque pueden perder contacto consigo mismos y volverse incapaces de sentirse bien con su forma de ser. Esta es una de las tendencias que más afecta a las personas en nuestra sociedad, sin importar si son codependientes o no.

Estos valores negativos son perjudiciales para las personas codependientes porque hace que se enfoquen en factores externos en lugar de su propio bienestar. Esto puede ser muy perjudicial ya que las personas codependientes tienen problemas graves de autoestima y el tratar de llenar los estándares de la sociedad puede ser una gran fuente de presión.

¿Cómo saber si soy codependiente?

Debes tener muy claro que solo un especialista puede determinar con precisión cuando una persona sufre de codependencia o no. No obstante, hay formas de saber si presentas tendencias de este tipo para que puedas tener mayor seguridad a la hora de que te acerques a un profesional en busca de ayuda. Esta condición puede presentarse en diferentes grados de intensidad, por ello los especialistas han desarrollado una serie de pruebas para determinar cuando una persona es codependiente o no, no es difícil hacer una evaluación que determine qué grado de codependencia tiene un paciente, para que te puedas hacer una idea puedes contestar una serie de preguntas que te ayudarán a saber si tienes tendencias y qué tan fuerte son tus tendencias.

Lo único que tienes que hacer es responder el siguiente cuestionario para saber en qué lugar del espectro de codependencia te encuentras. Son preguntas sencillas a las que debes responder simplemente con verdadero o falso.

Hazte las siguientes preguntas:

1. ¿Te preocupas constantemente por lo que otros piensen de ti?

2. ¿Te sientes mal cuando alguien más actúa de manera inapropiada?

3. ¿Estás insatisfecho sobre las amistades que tienes?

4. ¿Sientes que no necesitas tiempo libre lejos de tu trabajo?

5. ¿Pasas mucho tiempo preocupándote por los problemas de otras personas?

6. ¿Tienes problemas para decir que no cuando alguien te pide un favor?

7. ¿Cuando tienes una discusión sientes que tu punto de vista está equivocado?

8. ¿En tus peleas traes a discusiones penas y problemas del pasado?

9. ¿Sientes la necesidad de sacrificar tu felicidad por el bien de un ser querido?

10. ¿Te atemoriza terminar una relación sin importar cuán problemática sea para ti?

11. ¿Prefieres mantenerte leal a las personas aunque te lastimen o te pongan en problemas?

12. ¿No sabes establecer límites con las personas con las que trabajas?

13. ¿Cuando estás en una relación pierdes el sueño, te estresas o pierdes la motivación?

14. Después de una pelea, ¿sientes que estás en deuda?

15. ¿Le has prestado dinero a alguien para que continúe con alguna adicción?

16. ¿Tienes problemas para tomar decisiones importantes?

17. ¿Cargas con resentimientos acerca de tu infancia?

18. ¿Te resulta complicado expresar las cosas que quieres?

19. ¿Tienes problemas para estar solo?

20. ¿Frecuentemente sientes que estás perdiendo el tiempo y no vas a ningún lado?

21. ¿Estás insatisfecho con tu vida íntima?

22. ¿Tienes problemas para expresar tus sentimientos delante de otras personas?

23. ¿Te sientes incómodo frente a las figuras de autoridad?

24. ¿Puedes enfrentar tus problemas de manera calmada y pacífica?

25. ¿Eres una persona irritable?

26. ¿Constantemente guardas tus sentimientos para no herir a los demás?

27. Cuando alguien lastima tus sentimientos, ¿tienes problemas para expresar tu malestar?

28. ¿Te hace falta tiempo para realizar las cosas que quieres hacer?

29. ¿Te preocupas constantemente sobre tu salud?

30. ¿Pasas la mayor parte del tiempo preocupado y estresado?

31. ¿Tienes dificultades para ser espontáneo y actuar fuera de los esquemas?

32. ¿Sientes que tu vida carece de algo esencial?

33. Cuando piensas en tu pasado, ¿sientes que hay cosas que podrías haber hecho mejor?

34. ¿Tienes problemas haciendo nuevos amigos?

35. ¿Sientes que estás en deuda con tus padres?

36. ¿Eres el sostén de tu familia a pesar de que tus padres están sanos?

37. ¿Siempre has sentido la necesidad de tomar el papel de salvador del mundo?

38. ¿Te da miedo tener una discusión con algún ser querido?

39. Por las noches, ¿los pensamientos del pasado te impiden dormir?

40. ¿Sientes la obligación de controlar todo lo que hacen las personas a tu alrededor?

Contesta a estas preguntas y anota tus respuestas en una hoja para que puedas tener una guía de todo. A cada respuesta verdadera le darás una puntuación de 2 puntos, mientras que cada respuesta falsa tendrá un valor de 1 punto.

El espectro de la codependencia

Tomando en cuenta los resultados de tus respuestas se puede hacer la siguiente clasificación :

- ❏ Entre 10-20 puntos: tendencias leves a la codependencia

- ❏ Entre 21-30 puntos: tendencias de leves a moderadas a la codependencia

- ❏ Entre 31-45 puntos: tendencias de moderadas a severas a la codependencia

- ❏ Entre 45-60 puntos: tendencias severas a la codependencia

Esta es solo una guía y no un diagnóstico clínico sobre la codependencia, debes tomarlo solo como una referencia para entender mejor lo que te pasa. Tener una puntuación más alta de los 30 puntos puede reflejar una constante tendencia a sacrificar tu tranquilidad en nombre de los demás. Se pueden encontrar tendencias dependientes en muchos padecimientos, sin embargo, esto no se traduce automáticamente como que eres una persona codependiente.

Las personas codependientes pueden ir de un rango que va desde el salvador del mundo hasta el perseguidor implacable, en el siguiente esquema se muestra con mayor claridad:

Leve		↔		Severa
Cuidador	Rescatista	Dominante	Perseguidor
Sobre	Autosuficiente	Comunicación	Temible
responsable	Vulnerable	disfuncional	Implacable
Sumiso	Distante	Victima	Manipulador
Necesitado			

Utiliza tu resultado en el cuestionario para saber en qué parte del espectro de la codependencia te encuentras, así podrás comenzar a aceptar si tienes un problema y necesitas acercarte con alguien que te ayude a salir adelante. Recuerda que esta es solo una guía y que los resultados que obtuviste no son determinantes, puedes mejorar tu situación sin importar que tan mal te sientas.

En este capítulo analizamos la definición de codependencia para que puedas reconocer sus síntomas más evidentes y saber si tienes alguna tendencia. Si te has identificado con los puntos expuestos aquí y obtuviste una puntuación media o alta en el cuestionario te recomendamos que te acerques a un profesional de la salud, es importante que no sufras solo, no hay necesidad de sufrir en silencio, recuerda que no le debes nada a nadie, mereces tener una vida simple y sin complicaciones.

En el siguiente capítulo trataremos con más amplitud las características de la codependencia y cómo se manifiesta en personas que no tienen algún familiar o pareja adicto. Todos podemos tener problemas de codependencia con nuestra pareja o con algún compañero de trabajo, es una condición que afecta a miles de personas alrededor del mundo, si tú sientes que sufres de esta enfermedad, no te preocupes, no estás solo, hay tratamientos efectivos que te pueden ayudar a salir adelante y tener la clase de vida que te mereces.

Capítulo Dos:

La pena silenciosa y sus síntomas

Uno de los principales problemas de las personas con codependencia es que generalmente niegan que tienen un problema, sienten que su comportamiento compulsivo está justificado y que no pueden hacer ningún daño al tratar de ayudar a sus seres queridos. Por esta razón muchas personas pasan muchos años sufriendo en silencio, lo cual es contraproducente ya que entre más tiempo pase más se agudizan sus sufrimientos. Sin embargo, esto no tiene que ser de esta manera, con la ayuda adecuada pueden superar esta condición y dejar de sufrir en silencio. El primer paso siempre es reconocer el problema, para que te sea más fácil reconocerlo, con la información que te brindamos en el capítulo anterior y la que desarrollaremos a continuación podrás comprobar con seguridad si tienes tendencias codependientes de una vez por todas.

En el capítulo anterior hicimos mucho énfasis en la codependencia que sufren las personas que tienen un familiar adicto, pero esta condición no es exclusiva de los hogares con padres disfuncionales, la codependencia se puede dar en las parejas, en el trabajo o entre los amigos. Lo único que se necesita son dos personas que establezcan lazos afectivos y que lentamente vayan dañándose mutuamente con sus comportamientos nocivos. Esto le puede suceder a cualquiera, no importa la edad, la condición social o el sexo. Generalmente se solía asociar la codependencia con familias con problemas económicos o sociales, pero en la actualidad se ha visto que esto no es determinante, aun en las familias de clase alta se presentan patrones de comportamiento codependiente que afectan gravemente la vida de todos sus integrantes.

Las cosas que pasan dentro de tu casa son esenciales para que te desarrolles de forma saludable y plena, si tienes relaciones nocivas con las personas que te rodean entonces no podrás realizar todo lo que te propongas. La diferencia entre una persona confiable y una persona dependiente está en las acciones que pueden realizar en favor de los demás. Una personas que intenta controlarte, a pesar de que lo haga "por tu bien", nunca podrá ser de ayuda para ti, debes aprender a establecer límites saludables y a no depender de los demás para cumplir tus objetivos. Es necesario que desarrolles tu autoestima y tu autoconfianza para que puedas solucionar tus problemas diarios sin la necesidad de que alguien más se haga cargo de ti. Es igual de dañino tratar de controlar cada aspecto de la vida de los demás que depender mucho de alguien.

Dependiendo demasiado de los demás

La dependencia excesiva hacia una pareja o persona cercana genera problemas en cualquier relación. Es normal generar dependencia emocional hacia las personas con las que nos relacionamos, no obstante, esto puede convertirse en un problema si la dependencia es demasiada, ya que nos podemos volver inseguros hasta el punto en el que no podemos hacer nada sin la ayuda de esa otra persona. Esta dependencia te vuelve inoperante, no puedes desarrollarte de manera normal en tu trabajo o en la escuela, y tampoco en nuestra casa con nuestros familiares. Cuando el grado de dependencia es demasiado alto, nuestras relaciones se entorpecen y en lugar de prosperar se deterioran a tal punto que nos volvemos un problema para las personas que se preocupan por nosotros.

Este comportamiento nocivo funciona en ambas direcciones, cuando nos volvemos demasiado dependientes entonces la otra persona se puede convertir en un individuo controlador y posesivo, con derechos sobre lo que sentimos, hacemos y pensamos. Es un error darle tanto poder a una persona sobre nosotros, para que esto no suceda es necesario que aprendamos a establecer límites claros sobre las personas que nos rodean. Es una cuestión de autoestima, si aprendes lo que realmente vales entonces puedes dejar de depender tanto de los demás, hacer las cosas por ti mismo y salir adelante. Es una cuestión de equilibrio, algo que las personas con codependencia no conocen, sus relaciones interpersonales nocivas los han llevado a ser extremistas, por un lado se vuelven seres completamente pasivos o individuos con problemas de control que buscan estar por encima de todos.

Para poder salir de este predicamento, el codependiente debe aprender a reconocer el valor que tiene como persona, esta es una situación muy difícil para alguien codependiente ya que perciben que la autovaloración y la asertividad como comportamientos negativos que no aportan nada al bienestar de los demás, todos están siempre primero que él mismo, porque él no es una persona valiosa, sus deseos y necesidades son egoístas desde su punto de vista y por eso mismo les resulta difícil tomar una decisión y darse el lugar que realmente merecen.

Falta de asertividad

La asertividad es esencial para tener relaciones saludables, esta es una conducta que no se considera ni pasiva ni agresiva, sino equilibrada. Sin embargo, las personas codependientes no pueden desarrollar esta habilidad debido a que no pueden darle un lugar adecuado a sus deseos y necesidades. No tienen la capacidad de hacer valer lo que piensan, ya que las personas codependientes no están acostumbradas a actuar, sino a reaccionar. Las personas con este problema siempre están al pendiente de los sentimientos y acciones de las demás personas, ellos estructuran su vida siempre alrededor de los demás, de tal forma que nunca toman la iniciativa, siempre esperan a que alguien les diga qué hacer o esperan a que los otros muestren sus necesidades para así decidir cuál será su manera de actuar.

Su falta de asertividad responde a su predilección a ser personas pasivas, individuos que no se interponen en el camino de otros y que siempre buscan la manera de servir y proteger. La pasividad de los codependientes los convierte en un blanco fácil de abusos, ya sea en su casas, en la oficina o en cualquier grupo social, las personas codependientes no pueden ser individuos completamente productivos, están acostumbrados a recibir órdenes y a complacer a los demás. Son incapaces de comunicar su punto de vista, prefieren respetar la opinión de los demás sin importar que esta tenga connotaciones negativas para ellos. Sin embargo, este comportamiento es contraproducente para el individuo como para las personas que lo rodean, alguien que no tiene respeto por sí mismo no puede aportar cosas buenas en su trabajo o en su familia.

Una persona que es incapaz de expresar sus sentimientos, deseos y pensamientos, y que borra su voluntad para ser parte de una "solución", en realidad está creando un problema, ya que no puede desempeñar sus labores sociales, afectivas y laborales de forma adecuada. Para ser una persona asertiva se necesita primero construir autoestima, alzar la voz y expresar sus necesidades. Pero esto puede ser muy complicado para ellos ya que no entienden que ser asertivo significa tener una posición neutral en la que presentas tu punto de vista sin atacar la independencia de los demás.

El control y el cuidado

Las personas codependientes tienen la tendencia a enfocarse en las situaciones externas antes que las internas, están siempre al pendiente de los demás y su baja autoestima los convierte en personas que se descuidan a sí mismos pero que se dedican a cuidar de otros (como a personas con problemas de abuso de sustancias). Sin embargo, este comportamiento se mezcla con otro muy negativo que es el de el exceso de control, la persona que está a cargo del codependiente generalmente no tiene permitido cuidarse a sí mismo, todo su bienestar recae en el cuidador y debe ser siempre bajo los términos del codependiente.

Un ejemplo para entender esta situación, uno que tal vez sea demasiado extremo pero que describe perfectamente este comportamiento, puede ser el famoso libro de Stephen King *Misery*, en el que un famoso escritor tiene un accidente y es rescatado por una fanática. Al principio de la historia todo parece ser una historia normal de alguien cuidando y protegiendo a su escritor favorito hasta que llega el momento en el que el escritor, llamado Paul Sheldon, se recupera y decide que es momento de regresar a su casa, es ahí cuando las cosas dan un giro, la señora que lo rescató, llamada Annie Wilkes, decide que Paul no está listo para irse y lo encadena a la cama. Llega al extremo de romperle los tobillos con un mazo para que no pueda caminar. Annie Wilkes está convencida de que ella sabe lo que es mejor para Paul Sheldon, sin embargo se convierte en una pesadilla para él.

Guardando las proporciones, lo mismo pasa con los codependientes que se atribuyen el papel de cuidadores de otros, toman decisiones sobre lo que les conviene y se toman como algo personal el bienestar de los demás de una forma errónea. No se dan cuenta que sus comportamientos compulsivos en poco ayudan a la persona y que en realidad la atención excesiva que ponen sobre los demás termina siendo contraproducente. Esto se traduce en un problema de control y en un estrés continuo que no permite el desarrollo saludable de las personas involucradas en este relación.

Las emociones negativas

Las personas que están en un hogar con problemas de codependencia suelen estar mucho tiempo acechados por un gran número de emociones negativas que no los dejan desempeñar sus vidas diarias de manera normal. Viven arrastrando una serie de pensamientos negativos que se relacionan con su obsesión de ser aceptados por todos a su alrededor, con ser serviciales y no oponer ninguna clase de resistencia. Las personas codependientes pasan el tiempo constantemente preocupándose por lo que piensan los demás, tienen la idea de que son desagradables y de que tienen que hacer su mejor esfuerzos para cambiar la opinión que tienen sobre ellos, esto los pone bajo mucha presión y llena su pensamiento de pensamientos dañinos.

Los codependientes frecuentemente desechan sus impresiones sobre lo que piensan o experimentan y le dan un valor mayor a aquellas impresiones que vengan de una fuente externa y que sean validadas por alguien más. Esto no quiere decir que las personas que sufren de esta condición no tengan ideas o creencias propias, sin embargo, siempre ponen las ideas de los otros antes que las suyas, aun cuando estas sean contrarias a sus creencias o les ocasionen problemas. Esto se relaciona con lo que mencionamos antes sobre cómo estos individuos siempre tienden a reaccionar antes de actuar, las ideas de los demás son demasiado importantes para ellos, ya que son incapaces de realizar algo por iniciativa propia debido al miedo que experimentan de no ser aceptados por los demás. Esta situación es común entre aquellas personas que viven en un hogar abusivo, las carencias afectivas con las que conviven los vuelven vulnerables hacia las críticas de otros miembros de la familia.

Los codependientes se preocupan demasiado por llenar las expectativas de los demás que pierden contacto con sus propios sentimientos. Se restringen a sí mismos para tener solo pensamientos que sienten son aceptables como la compasión, el servilismo, la pasividad, e ignoran todos los pensamientos que pueden ocasionar alguna clase de conflicto con las personas que los rodean. En las familias disfuncionales con algún miembro dependiente de las drogas o el alcohol, los sentimientos quedan "prohibidos" o son completamente ignorados para así evitar las situaciones realmente dolorosas por las que atraviesan todos los días.

Los síntomas físicos

Estos sentimientos negativos y la presión con la que viven estas personas tienen repercusiones en la salud de los individuos codependientes. Como cualquier persona que experimenta altos niveles de ansiedad, esta presión comienza a manifestarse a nivel físico, provocando reacciones diversas en cada paciente. Estos síntomas físicos pueden ser un problema para el individuo codependiente ya que se pueden interponer con las tareas que realiza en su vida diaria y pueden empeorar a tal grado de que se conviertan en un problema físico grave. Los síntomas físicos pueden ser muy numerosos, algunos de los que podemos enumerar aquí son:

- Problemas para conciliar el sueño
- Vómitos
- Cansancio generalizado
- Sensación de mareo
- Falta de apetito
- Agitación

- Sudoración excesiva

- Dolores de cabeza

- Dificultad para respirar

- Temblores en las piernas y brazos

- Problemas para respirar

- Escalofríos

- Tartamudeo

- Pérdida del cabello

Todos estos síntomas se hacen presentes cuando la persona codependiente está lejos del individuo al que está atado o cuando no logra llenar sus expectativas. Su necesidad de atención es tan grande que tienden a sufrir física y mentalmente. Los efectos de la codependencia pueden tener graves repercusiones en la salud de las personas, nunca es bueno vivir bajo la ansiedad y el estrés, los estudios han demostrado que la gente que vive con estos problemas tiene una expectativa de vida mucho más corta, tanto como si fueran fumadores.

Estos síntomas físicos se relacionan con las manifestaciones psicológicas que tienen las personas codependientes, esta es una enfermedad que los afecta de una maner integral, todos los aspectos de su vida son alterados por esta condición. La codependencia tiene sus efectos principales en la conducta de las personas, es ahí donde se hace evidente que algo dentro de su mente no está funcionando de manera adecuada. En el aspecto psicológico podemos distinguir tres patrones que describen perfectamente la psique de un codependiente, esto son los patrones de negación, los patrones de baja autoestima y los patrones de complacencia. Veamos cada uno de estos con mayor detenimiento.

Los patrones de negación

Como su nombre lo indica estos tienen que ver con una negativa a reconocer lo que realmente están experimentando, las personas codependientes suelen vivir en negación, no quieren reconocer sus problemas y para ello se esconden detrás de una venda, una venda mental que no les permite ver la realidad de su vida. Las características más comunes son las siguientes:

- Tienen dificultades para identificar lo que realmente están sintiendo.

- Se perciben a sí mismos como personas no egoístas que se dedican por completo a brindar bienestar a otros.

- Minimizan, alteran o niegan sus verdaderos sentimientos para adoptar otros.

- Carecen de verdadera empatía hacía los sentimientos de los demás, ya que malinterpretan lo que siente la otra persona y lo reemplazan con lo que ellos creen que realmente "sienten".

- Atribuyen a los otros sus rasgos negativos, ellos nunca tienen la culpa, siempre son los demás.

- Piensan que no necesitan la ayuda de nadie para cuidarse a sí mismos.

- Enmascaran su dolor y lo convierten en otros sentimientos como ira, humor o aislamiento.

- Expresan su negatividad o agresividad de formas indirectas y pasivas.

- No reconocen la indisposición de las personas a las que se sienten ligadas.

Como podemos observar todos estos patrones se relacionan con una visión distorsionada de la realidad interna y externa de la persona codependiente.

Los patrones de baja autoestima

Para hablar de estos patrones tenemos que entender que el autoestima de los codependientes siempre está en niveles bajos, su autovaloración es negativa, no se dan el lugar que realmente merecen o piensan que la persona a la que están atados es mucho más importante y merece ser más feliz que ellos mismos. Los comportamientos más comunes que podemos distinguir son:

- Dificultad para tomar decisiones.

- Juzgar de manera negativa lo que piensan, dicen o hacen, tienen la sensación constante de que nunca es suficiente.

- No les gusta recibir atención, ser alagados o que les den regalos.

- Valoran demasiado la aprobación de otros.

- No creen que sean dignos de recibir amor.

- Constantemente buscan el reconocimiento de otros para sentirse menos inútiles.

- Tienen dificultades para reconocer sus errores.

- Mienten para ser vistos como una persona valiosa a los ojos de los demás.

- Perciben que todos son superiores a ellos.

- No pueden establecer sus prioridades y límites saludables.

La baja autoestima de las personas codependientes les impide vivir de una forma normal, siempre ponen en segundo lugar sus deseos y necesidades para evitar cualquier conflicto y agradar a la persona a la que están ligados.

Los patrones de complacencia

Cuando se sufre de codependencia se tienen problemas para dejar de ser serviciales, es común que una persona con esta condición sea extremadamente leal, aun cuando se encuentre en una situación de abuso. Los patrones más comunes son:

- Comprometen sus propios valores e integridad para no ser rechazados.

- Ponen de lado sus intereses para realizar los deseos de otras personas.

- Están al pendiente todo el tiempo de los sentimientos de los demás y actúan según esos sentimientos.

- Tienen miedo de expresar sus creencias y opiniones si son diferentes a las de las personas que los rodean.

- Aceptan avances sexuales solo para no contrariar a la otra persona.

- Toman decisiones sin importar cuáles sean las consecuencias.

- Traicionan sus principios para ganar la aprobación de los demás.

Todas estas manifestaciones de la personalidad codependiente se pueden observar con distintos grados de intensidad, algunos pueden presentar rasgos de complacencia menores pero patrones de negación más altos, sin embargo, la combinación de todos ellos da como resultado una vida llena de sufrimiento. Los codependientes sienten una urgencia muy grande por complacer a los demás, esto combinado con su baja autoestima y su negación constante los vuelve personas vulnerables que no pueden desarrollarse personal y profesionalmente.

En este capítulo repasamos algunos de los síntomas más evidentes que se pueden observar en las personas codependientes, comportamientos nocivos que los hacen ser miembros disfuncionales dentro de sus espacios de trabajo o en sus hogares. Aprendimos que la codependencia puede presentarse en cualquier familia y sus manifestaciones son variadas, con patrones de baja autoestima, negación y complacencia, sin embargo, una cosa es fundamental para que la codependencia se presente y esta es la relación nociva entre dos individuos, en la que uno de ellos decide sacrificar sus propios ideales y pasiones para que la otra persona puede tener una vida más tranquila y plena. En el siguiente capítulo hablaremos de los primeros pasos que puedes dar para comenzar el camino de la recuperación, no será fácil pero verás que superar la codependencia es posible si tienes la mentalidad adecuada y te comprometes con tu cuidado personal.

Capítulo Tres:

Comenzando la recuperación

La recuperación de la codependencia se puede lograr por medio de una combinación de tratamiento psicológico y cuidado propio. La codependencia es un comportamiento aprendido, no nacemos con estas conductas nocivas sino que las desarrollamos a lo largo de nuestras vidas. Esta es una buena noticia para ti ya que significa que puedes aprender nuevas formas de interactuar con los demás, comportamientos que te ayudarán a sentirte bien contigo mismo y a establecer relaciones interpersonales saludables.

En este capítulo nos centraremos en las alternativas que tienen las personas codependientes para salir adelante, la recuperación es posible si se consigue ayuda y se establece la mentalidad adecuada.

Las personas que tienen problemas de dependencia excesiva han perdido el control sobre su vida, no se dan cuenta de que están siendo dominados por sus propios sentimientos de culpa y por los deseos de la persona a la que se sienten atados. Es una cuestión de enfoque, no son capaces de reconocer de que le dan un valor demasiado alto a los factores externos y no pueden escuchar su voz interior. Pero no tiene por qué ser de esta manera, se puede cambiar la mentalidad de un codependiente para que deje de preocuparse por los factores externos y se centre en sus propios deseos y necesidades. La recuperación es posible, no importa que tan oscuro parezca el camino, al final siempre habrá una luz de esperanza.

Como hemos mencionado antes, y de verdad no podemos hacer suficiente énfasis en ello, el primer paso siempre será reconocer que tienes un problema de codependencia. Pero esto no es todo, de nada sirve que reconozcas que tienes un problema si no tienes la intención real de cambiar, necesitas de la fuerza de voluntad necesaria para realizar acciones que jueguen a tu favor y que permitan avanzar hacia la recuperación. Sin embargo, las personas codependientes carecen de la autoestima y el valor necesario para salir del círculo vicioso de su degradación, lo que hace que pasen largos periodos de su vida sufriendo en silencio, pero esto no significa que sea imposible superar la codependencia, una forma relativamente sencilla y altamente efectiva de comenzar tu recuperación es acercarte a un terapeuta.

Buscando ayuda profesional

La opinión de un experto siempre es importante, recuerda que las personas que sufren de codependencia siempre tienen una visión distorsionada de la realidad. Un terapeuta te puede ayudar a que tengas una perspectiva distinta de tus problemas para que puedas aterrizar tus percepciones y te des cuenta de todo el daño que te estás haciendo a ti mismo. Los profesionales de la salud tienen un extenso entrenamiento y experiencia ayudando a las personas a tener una vida normal, conocen los problemas por los que estás pasando y por eso mismo saben cuáles son las mejores formas de combatirlo. Tener a una persona que se preocupe por tu recuperación tiene un efecto positivo en ti, un terapeuta siempre tendrá como principal objetivo tu bienestar, es su trabajo, y de manera sincera te guiará para que des los pasos adecuados. En principio, siempre es provechoso que hables en voz alta de tus problemas con alguien más, sentirás un alivio al momento de compartir tus pensamiento porque dejarán de pesar en tu consciencia, qué mejor que compartir tus sentimientos con alguien que está capacitado para guiarte en el camino de la sanación.

La terapia puede ayudarte a disminuir los síntomas de tu condición, con la terapia aprenderás mecanismos de defensa para enfrentar los síntomas de la codependencia. Hay estudios que demuestran que los efectos de la terapia pueden durar mucho más que los de la medicina. Los fármacos pueden ayudar a mitigar los efectos de la ansiedad pero esto solo es un paliativo, en realidad no estás solucionando tus problemas. Mientras que con la terapia puedes aprender habilidades que te ayuden a contrarrestar los síntomas y hacer que tu cerebro se reprograme para dejar de padecerlos. Es importante que cuando te acerques a un terapeuta este sepa enfocarte en los problemas internos que te causa tu codependencia así como en los problemas externos, así podrá mostrarte el camino perfecto hacia la sanación. Este es un paso muy importante en tu recuperación, recuerda que todos necesitamos de los demás para poder progresar y tener una vida normal, no lo dudes, si ya has tomado la decisión entonces ya estás comenzando a sanar tu codependencia.

Los estados de la recuperación

La terapia de recuperación de las personas codependientes tiene muchas similitudes a la terapia de combate a las adicciones, al fin de cuentas la codependencia es un tipo de adicción a la afección y al control de las personas que nos rodean. Por esta razón encontrarás que hay asociaciones como Codependientes Anónimos (CA) que tienen programas de 12 pasos similares a los de Alcohólicos Anónimos (AA), si eres una persona religiosa quizás esto pueda ser de gran ayuda para ti. Sin embargo, aquí adoptaremos un enfoque distinto, basado en la terapia conversacional y el autocuidado. Nuestro acercamiento es similar al de los 12 pasos pero lo resumimos solo en cuatro etapas, cada etapa tiene ramificaciones varias pero en general son las mismas. Los estados de la recuperación de la codependencia son los siguientes:

1. La negación

Este es siempre el principio de todo camino, el enfermo comúnmente negará que hay algún problema en su entorno familiar, asumiendo que tiene algunos problemas, pero que estos no son tan graves como para buscar ayuda profesional, después de todo las personas codependientes, en hogares con adicciones o no, sienten que sus problemas pueden ser resueltos haciendo un esfuerzo más grande y con más amor. Es igual que con el alcoholismo, el codependiente cree que tiene el control de la situación y que puede dejar de ser dependiente en cualquier momento, solo necesita tomar la determinación de dejarlo. Pero esto no es así, la realidad es que son incapaces de salir del círculo vicioso en el que se han introducido, ninguna de las estrategias que implementen tendrán ningún efecto si no reconocen primero que tienen un problema y que necesitan de la ayuda de alguien más, nadie puede dejar de ser codependiente si lo único que hace es relacionarse con la persona que le causa los problemas en primer lugar.

La negación impide que vean el verdadero tamaño de sus problemas, rechazan todos los aspectos de su vida que consideran desagradables, el mismo individuo se conflictúa y amenaza a sí mismo para negar los aspectos dolorosos de su realidad externa, viven en un mundo subjetivo que se separa de la realidad y que los sume aún más en los comportamientos negativos que lo llevaron a desarrollar la patología. La negación hace que el paciente tenga problemas para interpretar la realidad, es una afectación que lo separa de las personas a su alrededor, haciendo que deseche toda opinión o percepción que no se ajuste con aquello que ha decidido creer. El estado de la negación es difícil de romper, pero se puede lograr con el apoyo y la asesoría de los seres queridos y de los profesionales de la salud. Una vez que se logra la aceptación se puede pasar al siguiente estado de la recuperación.

2. La aceptación

Esta etapa es crucial, aquí es donde el codependiente comienza a reconocer sus propios comportamientos nocivos y toma responsabilidad por ellos. Antes de este punto, el codependiente no siente ninguna responsabilidad por sus problemas, ya que vive como una víctima, piensa que todo lo que le pasa en la vida es problema de los demás, que él o ella no tiene la culpa de nada, sino que es la sociedad, su familia y sus compañeros de trabajo los que se han empeñado en arruinarle la vida. Es durante este estado de la recuperación cuando el paciente toma conciencia de que es complice en su degradación y que está en sí mismo encontrar el camino hacia la salud.

Para hacer esto es necesario que el paciente haga un profundo ejercicio de autoanálisis, para reconocer cuáles son las fallas que tiene al momento de establecer límites y al tratar a las personas que le rodean. Se hace un cambio de los patrones de negación por patrones de aceptación, de tal forma que los codependientes comienzan a aceptar sus sentimientos, les dan su lugar y su validez, pueden distinguir que tienen comportamientos nocivos y que afectan a los demás, se les alienta a expresar sus sentimientos de manera libre y apropiada para que así dejen de guardar resentimiento. De tal forma, que puedan establecer relaciones interpersonales solo con aquellos individuos que ellos aprueben, sin la necesidad de sentirse culpables al momento de rechazar a alguien.

3. Los problemas núcleo

Una vez que se pasa a la aceptación entonces es momento de confrontar los problemas núcleo de un codependiente, esto es entender que nadie es capaz de controlar el comportamiento de los demás y que cualquier relación exitosa necesita de que cada persona tenga su independencia. El control excesivo siempre será un problema, no hay ningún aspecto positivo en tratar de controlar lo que hacen los demás, es contraproducente en todos los casos, siempre que una persona es controlada su reacción natural será resistirse. A nadie le gusta que le digan qué hacer, se puede tratar de convencer a las personas para que actúen según nuestras convicciones pero bajo ningún motivo es aceptable que se impongan restricciones a la conducta y pensamiento de alguien más.

Reclamar tu independencia y darle su espacio a los demás puede ser lo más difícil de hacer para una persona codependiente, pero es realmente necesario para tener relaciones saludables. Es parte importante de establecer límites que aseguren que ambas personas se desarrollen de manera normal, si no lo hacen entonces sus comportamientos no podrán dejar de ser dañinos para ambos. Sin la independencia necesaria entonces no serán capaces de desarrollar su personalidad, cultivar sus gustos y necesidades así como ser capaces de expresar sus emociones de una forma saludable.

4. El estado de reintegración

Las personas codependientes aprenden a creer que son autosuficientes y que su valor como individuos proviene de las relaciones y comportamientos que tienen con otros. El siguiente paso es aprender a ser un miembro funcional del entorno familiar o laboral, a depender de los demás de manera saludable y prestar ayuda de forma que sea productiva para todos. Este paso también incluye resarcir daños que se hayan realizado a otros en el pasado, el perdón es una etapa necesaria para estar más conscientes del problema que enfrentamos, es vital reconocer que nuestras acciones tienen consecuencias en las otras personas y que para regresar a ser un miembro funcional en nuestra sociedad debemos atenernos a las consecuencias de nuestros actos.

A grandes rasgos estas etapas de la recuperación se relacionan con el programa de los 12 pasos de CA, comienzan con vencer la negación, aceptar nuestra culpa en nuestra degradación, reconocer nuestros problemas más graves para superarlos y buscar reintegración en la vida de los demás como una persona funcional y saludable. Este camino será largo y necesitaras de una gran fuerza de voluntad para llegar hasta el final y ver los beneficios de superar la codependencia. Para que el camino sea menos pesado, compartiremos contigo algunos consejos prácticos para que no te desanimes a lo largo de este proceso.

Sé paciente

La paciencia es uno de las valores fundamentales en la vida, recuerda ese viejo proverbio que dice que "la recompensa será para aquellos que saben esperar", esto es muy cierto, no creas que los cambios fundamentales en tu vida se conseguirán con facilidad, siempre será necesario invertir una gran cantidad de tiempo y esfuerzo para lograr grandes mejoras que signifiquen un beneficio sustancial en ti. La paciencia es la cualidad que te permitirá resistir las dificultades y el dolor, puedes estar seguro de que incluso cuando hayas aceptado tu problema y busques ayuda pasarás por momentos en los que sentirás que todo ha empeorado, es aquí donde la paciencia se vuelve fundamental para no abandonar el camino de la sanación. Cuando pasamos por momentos difíciles podemos desarrollar la sensación de que el tiempo pasa más lento, que estamos en un punto muerto y que no vamos a ningún lado, estos pensamientos pueden ser muy perjudiciales y la única manera de combatirlos es teniendo paciencia.

La paciencia es necesaria para recuperarse de cualquier enfermedad, sin ella no podrás lograr ningún cambio. Es común que a lo largo de tu recuperación experimentes algunos reveses y retrocesos, es normal, nadie puede superar la codependencia de manera sencilla, tu cerebro está programado para tener comportamientos negativos y autodestructivos. Al principio experimentarás resistencia al cambio, no obstante, no debes dejar que esto te desanime, con empeño y paciencia puedes lograr todo lo que te propongas y la paciencia es lo que te ayudará a no abandonar tu tratamiento una vez que lo has comenzado.

Viviendo tu propia vida

Debes darte la oportunidad de vivir una vida lejos de las pretensiones y expectativas de la sociedad. Es importante que ejercites tu individualidad, que te conozcas a ti mismo y dejes de vivir a la sombra de los demás. No es una tarea fácil de lograr, te encontrarás con muchos obstáculos en el camino y, sin duda, la baja autoestima y la falta de asertividad te harán pensar que es imposible, sin embargo recuerda que eres único, nadie en el mundo tiene las mismas ideas y sueños que tú. La razón por la que viniste a este mundo es para ser tú mismo, desarrollar una personalidad única que nadie más puede imitar y que nunca se volverá a repetir. Deja de preocuparte de lo que hacen o no los demás, deja de pensar que puedes leer la mente de las personas, es algo que tienes que dejar ir, deja que las cosas caigan por su propio peso y enfócate solo en lo que estás pensando y sintiendo.

Si haces esto tendrás una vida mucho más plena, verás que el mundo es un lugar más brillante cuando vives con libertad y te alejas de todas las cosas innecesarias. Tu única obligación es contigo mismo, esto no significa que tengas que ser egoísta e ignorar las necesidades de los demás, puedes ser una persona útil y cooperar con los demás sin la necesidad de que sacrifiques tu libertad. Todo lo que tienes que hacer es encontrar un equilibrio para que tu forma de vivir no tenga un impacto negativo en la vida de los demás, recuerda que solo estás en control de las cosas que pasan dentro de ti y una vez que has materializado una acción debes dejarla ir para que no te arrastre.

Aceptando la realidad

Uno de los primeros principios que debe aprender una persona codependiente es que hay cosas en la vida que no pueden controlar. Tampoco está dentro de ti la obligación de arreglar el mundo o de juzgar a las personas, debemos aceptar la realidad de las cosas, tratando de tener un impacto positivo en el mundo, pero sin obsesionarnos demasiado con lo que sucede. Lo único sobre lo que realmente tenemos control es la forma en la que nos tomamos las cosas, las personas y el mundo no nos hacen cosas, simplemente existen y actúan, nosotros somos los que nos tomamos de manera personal los comportamientos de los otros. Tomarse las cosas de forma personal es dañino para nosotros, nada positivo puede salir de esta forma de pensar, lo más saludable que podemos hacer es dejar las cosas tal y como son.

En este capítulo hicimos un repaso de las primeras etapas en la recuperación de la codependencia, el cambio es posible, está al alcance de tus manos, lo único que necesitas es tomar una determinación, darte cuenta de que lo que estás pasando no es normal, tu vida no tiene que ser una interminable lista de frustraciones y desasosiegos. Puede que te sientas obligado a cuidar a esa persona especial para ti, pero tienes que entender que nadie, absolutamente nadie, puede arreglar la vida de los demás, no puedes ayudar a alguien que no quiere ser ayudado, el deseo de cambiar debe provenir del interior de cada uno. Si realmente quieres cuidar y proteger a los demás, entonces debes cuidar de ti mismo, una persona que está rota por dentro y que no puede hacerse cargo de sí misma no puede ser el protector de los demás. Si estás consciente de esto entonces felicidades, has dado el primer paso hacia una vida más saludable, te estás acercando a la sanación y a convertirte en la persona que siempre has soñado.

En el siguiente apartado seguiremos por el camino de la recuperación, hablaremos de temas importantes relacionados con la aceptación propia y con enmendar los errores del pasado. Si has decidido dar los primeros pasos no puedes detenerte, debes continuar por el camino de la sanación. Superar la codependencia no es algo que se logra de la noche a la mañana, será necesario que inviertas mucho tiempo y esfuerzo en cambiar tus hábitos negativos, a veces sentirás que no vas a ningún lado y que no tienes la fuerza necesaria para lograrlo, sin embargo, esto no debe desanimarte, todos fallamos de vez en cuando, recuerda que incluso Jesús cayó tres veces en su camino del palacio de Poncio Pilatos al calvario. Así que no abandones tu tratamiento, todos tenemos derecho a fallar, pero sobre todo, tenemos la capacidad de volver a levantarnos y lograr todo lo que nos propongamos si realmente ponemos nuestro corazón en ello.

Capítulo Cuatro:

Sanando las heridas

Ahora que has comenzado con el camino a la sanación es momento de que pasemos a la siguiente etapa, es momento de hablar del autocuidado y la importancia de que las personas codependientes se preocupen por sus deseos y necesidades. Como hemos mencionado a lo largo de este libro, las personas que sufren de esta condición siempre se ponen en segundo lugar, piensan en las necesidades de los otros y creen que su bienestar puede ser sacrificado para ponerse al servicio de los demás. El autocuidado es una parte muy importante del proceso de sanación, sin el debido cuidado propio todos los esfuerzos que realices serán improductivos, primero debes sanar tu propio autoestima y ego para tener la fuerza y la determinación suficiente para salir de una relación abusiva de excesiva dependencia.

Hagamos un recorrido a lo largo de tu historia y tu sufrimiento para que puedas conocerte mejor y encuentres cuales son tus fortalezas. Antes de seguir el camino de la recuperación debes sanar las viejas heridas para que realmente puedas avanzar, nadie puede progresar si sigue arrastrando problemas del pasado, es momento de que te des la oportunidad de sanar. Para ser una nueva persona es importante que aprendas a perdonar, este es uno de los valores más importantes que puedes ejercitar. Ten en cuenta que no puedes controlar lo que hacen los demás, en realidad, estás a la deriva, tus sentimientos de dependencia te han puesto a la deriva y esto ha sido a causa de tu falta de voluntad, estrictamente hablando, la primera persona a la que tienes que perdonar es a ti mismo, así que comienza por darte una oportunidad a ti mismo.

Los caminos de la vida

Algo que te puede ayudar mucho a mejorar tu condición mental es hacer un ejercicio de memoria, así tendrás una visión más amplia de lo que estás viviendo y te podrás hacer una idea de lo que significa el paso del tiempo. Intenta recordar cómo era tu vida cuando eras niño, ¿puedes recordar cómo era vivir en la casa de tus papás? ¿Recuerdas las navidades en familia? Si no puedes regresar tanto en tu memoria no te preocupes, ¿te acuerdas cuando cumpliste 18 años? ¿Recuerdas la emoción de sentir que ya no eras un niño y podías hacer todo lo que quisieras? ¿Te sentías bien ante el horizonte de posibilidades que se desplegaba ante ti o te parecía algo aterrador? Continuemos por este camino, ¿recuerdas a tu primer amor? ¿Qué es lo que puedes recordar? ¿Recuerdas la sensación de tomar su mano, la primera vez que se besaron?

Reúne todas las memorias que puedas, de distintas etapas de tu vida, todo lo que venga a tu mente sirve, haz una imagen de ti a lo largo de los años, recuerda al niño, al adolescente, al joven veinteañero, mira cuánto has crecido, todo lo que has conseguido, no dejes que la negatividad te nuble la vista, has conseguido cosas, has crecido, no eres el mismo niño herido que alguna vez fuiste, no estás en el mismo lugar que siempre, puede que vivas en la misma casa pero tú ya no eres el mismo. Recuerda esa sabia frase de Heráclito: "nadie se baña en el mismo río dos veces porque todo cambia en el río y en el que se baña". Esto es muy cierto y se puede aplicar a todas las personas, así que deja de ser tan duro contigo mismo y date cuenta de que el cambio es posible. De hecho todos los días estás cambiando, puedes cambiar para bien o para mal, eso depende de ti, pero necesitas ser consciente de que la única certeza que podemos tener en la vida es que todo cambia, es momento de que tú aproveches esta cualidad.

Sufriendo por las pérdidas

El sufrir por la pérdida de un ser querido o por el distanciamiento con algún amigo es una cuestión normal, es parte natural de la vida, todos experimentamos el duelo cuando las cosas cambian. Es aquí donde tenemos que aprender a perderle el miedo al cambio. El universo siempre está en constante movimiento, si lo piensas, todos estamos flotando a gran velocidad por el espacio, el planeta tierra, el sistema solar, la Vía Láctea, todo se desplaza, viajamos por el universo a una velocidad tan grande que ni siquiera la podemos imaginar. Entonces debemos aceptar que las cosas nunca permanecerán de la misma forma por mucho tiempo, nuestros seres queridos solo nos acompañarán en una parte del camino, pero al final, el viaje de cada persona es distinto. No ganas nada tratando de aferrarte a las cosas o a las personas, el sufrimiento es inevitable pero lo que sí puedes cambiar es la cantidad de tiempo que pasarás aferrándote a ese dolor.

No es una cosa sencilla, sufrir por la pérdida de un ser querido o por el fin de una relación amorosa puede ser devastador, todos hemos experimentado esta sensación, es indudable que a lo largo de nuestra vida pasaremos por esta situación. Es importante de que estés consciente de todo lo que hemos hablado aquí, el cambio y el paso de tiempo son inevitables, así que sería bueno que te prepares para los tiempos difíciles. Todos podemos ejercitar nuestra capacidad de sanación interna para que cuando te enfrentes a estas situaciones no sientas que es el fin de tu vida. Esto aplica para todas las personas del mundo, pero este punto es especialmente importante para aquellos que sufren de codependencia, ya que en algún momento del camino de su sanación tienen que romper los lazos con las personas que les hacen daño y los volvieron codependientes.

¿Qué es lo que te hizo codependiente?

Algo que muchas personas codependientes no logran comprender es que ellos no son los culpables de la situación que están sufriendo. Viven sumidos en un sentimiento de culpabilidad, se sienten responsables por los problemas de las personas que los rodean, sienten que el fracaso de los demás se debe a que no se esforzaron lo suficiente. Pero esto no es así, el origen de su codependencia es siempre el comportamiento abusivo de la persona a la que se sienten ligado. Ahora que has hecho un repaso de las distintas etapas de tu vida y cómo has ido cambiando a lo largo de los años, es momento de que distingas en qué momento de tu historia te volviste codependiente. ¿Fue en tu infancia a causa de los comportamientos de tus padres? O tal vez fue cuando conociste a tu pareja actual, o ¿acaso fue en tu trabajo, cuando llegó tu nuevo jefe? Piénsalo muy bien, recuerda cuándo fue la última vez que te sentiste tranquilo, recuerda cómo eras antes, cuando podías establecer relaciones de manera saludable sin tener la constante necesidad de controlar o ser controlado por alguien más.

Haz memoria, esfuérzate por encontrar el momento del cambio, el punto en el que dejaste de ser una persona normal para convertirte en un manojo de culpa e inseguridades. Si no puedes recordar la última vez que fuiste feliz, no te preocupes, eso quiere decir que llevas mucho tiempo sufriendo, pero recuerda "nadie se baña dos veces en el mismo río", puedes cambiar, puedes dejar atrás todo lo que te hace daño y comenzar a vivir tu vida de una forma más saludable. Siempre es un buen momento para enderezar nuestro camino, no importa cuántos años tengas, todos merecemos ser felices, siempre vale la pena experimentar la paz y la tranquilidad, aunque sea solo por unos años o unas semanas, tú lo vales, date la oportunidad de ser feliz.

El cuidado propio

Ha llegado el momento adecuado para que hablemos del cuidado propio, este es un elemento clave para poder superar la codependencia, sin él sería imposible dejar de depender de manera excesiva de los demás. El autocuidado se refiere a hacer frente a tus problemas, entender que necesitas darte tu lugar y hacer cosas que te ayuden a hacerte sentir mejor, cosas que te devuelvan la calma y que te sirvan para establecer límites saludables. El cuidado propio se relaciona con tu bienestar físico, mental y social, no puedes ser una persona saludable si tienes carencias en alguno de estos aspectos de tu vida, es necesario que haya equilibrio entre estos tres aspectos para que puedas tener una buena salud física y mental.

El primer paso en el proceso del cuidado propio es darte tu lugar, dejar de pensar que tienes la obligación de hacer cosas por los demás y hacer todo lo posible para evitarles algún disgusto. Desecha esta idea, en primer lugar siempre debes estar tú, tus necesidades y tus deseos, recuerda que una persona que no está bien de su cabeza no podrá ser de gran ayuda para los demás. De tal forma que primero ayúdate a ti mismo para poder ayudar a los demás. Los primeros pasos que puedes dar en el autocuidado pueden ser el desprendimiento, desechar la imagen de víctima, construir autoestima y establecer metas. Veamos cada uno con detenimiento.

1. Desprendimiento

Este es un punto muy importante, los codependientes deben aprender a separarse de las relaciones dañinas para poder avanzar en su recuperación. Esta es una de las tareas más difíciles que puede realizar una persona codependiente, necesita de ayuda y mucha fuerza de voluntad para lograrlo. Debes recordar lo que hablamos anteriormente acerca de cómo las cosas siempre están en constante movimiento y de que aferrarse a las personas es algo inútil, todo pasa, nada es para siempre, seguramente sentirás mucho dolor cuando te intentes separar de aquella persona que sientes "le da sentido a tu vida" pero necesitas reconocer que lo único que te está aportando es dolor, ansiedad y baja autoestima. Tal vez la separación no tiene que ser completa, pero sin duda, necesitas un distanciamiento, establecer límites entre lo que está permitido hacer y sentir, y aquello que te está ocasionando problemas de salud. Tal vez el primer paso para desprenderte de esa relación dañina sea pasar menos tiempo juntos, no vivir en la misma casa o en última instancia romper todo contacto con ella. No te será sencillo, pero puedes comenzar a alejarte gradualmente para que las cosas no se sientan como un golpe muy fuerte para ambos.

2. Desechando la imagen de víctima

Es común que las personas con esta condición sientan que no tienen poder, que simplemente son víctimas de la situación y las personas que los rodean. Para avanzar en su recuperación es necesario que comprendan que tienen poder de cambiar, que las cosas que están experimentando no suceden por obra de la gracia divina, que ellos son culpables de lo que viven, pero sobre todo de que ellos pueden dejar de ser víctimas para ser los arquitectos de su propia vida. En toda relación siempre hay dos personas y ambas son culpables de las dinámicas dañinas que se desarrollen entre ellos. Puede que tú seas el abusado y la otra persona el abusador, pero tú eres culpable a la hora que no buscas ayuda, que no te alejas de esta situación o que no te enfrentas al abusador. No hacer nada para defenderte es una acción, es una forma de expresar que estás de acuerdo con el abuso. De tal forma que no eres una víctima, sino un cómplice en tu degradación. Es momento de que reconozcas esto, debes dar un paso adelante y responsabilizarte de tu situación, hay formas de salir adelante, no temas al cambio, siempre se puede vivir mejor.

3. Construyendo autoestima

La autoestima es algo muy importante para todos, una persona con baja autoestima es una persona disfuncional y que no puede aportar mucho a su entorno. Las personas codependientes generalmente tienen una baja autoestima, esto se debe a que no se pueden aceptar a sí mismo como son y de que dependen de alguien más para saber cuál es su valor, piensan que su única misión en la vida es ser útil para los otros. La autoestima se relaciona con 4 factores:

- Sentirte bien contigo mismo
- Manejar el rechazo de manera saludable
- La motivación y la ambición personal
- Una respuesta normal al miedo y la incertidumbre

Estos puntos se pueden ejercitar diariamente al establecer una mentalidad positiva, lo que necesitas hacer es comenzar a aceptarte como eres, con todos tus defectos y fortalezas reales, debes entender que el fracaso es parte de la vida de todos, nadie es perfecto y que las personas más exitosas en el mundo han logrado llegar a la cima después de intentar y fallar miles de veces. Tú también puedes aceptarte como eres, es como una carrera de resistencia, entre más tiempo y esfuerzo le inviertas a tu bienestar personal mejores serán tus resultados y paulatinamente tu autoestima irá mejorando.

4. Estableciendo metas

El ocio es el padre de todos los vicios, si no tienes aspiraciones en la vida entonces nunca vas a lograr nada. Es fundamental que tengas metas en la vida, de esta forma podrás desarrollar un sentimiento de progreso y que estás invirtiendo tu tiempo en algo útil. Es provechoso que apliques tu pensamiento y tu tiempo en conseguir cosas, así pasarás menos tiempo lamentándote por las cosas que no te gustan de tu vida y más tiempo consiguiendo logros personales. Tu mente es como una computadora que puede ser programada para pensar y sentir cosas positivas, si te estableces metas, por muy pequeñas que estas sean, estarás enseñándole a tu cerebro a ser exitoso. ¿Qué es lo que te apasiona en la vida? ¿Tienes algún pasatiempo? ¿Qué es lo que más te gusta hacer en tu tiempo libre? Todos tenemos intereses propios, tal vez te guste mucho la lectura o jugar videojuegos, entonces puedes establecerte metas que se relacionen con estas actividades, tal vez puedes proponerte a leer más, tal vez tu motivación sea comprar más juegos, aumentar tu biblioteca, compartir tus lecturas con alguien, hacer un club, hay muchas cosas que te pueden motivar, aprovecha esta motivación para alejar tu mente de los comportamientos negativos.

El enfoque interno

Otro tema importante que se relaciona con el cuidado personal es el enfoque que domina nuestras vidas. Hay dos tipos de enfoque: el interno y el externo. El enfoque interno se relaciona con los pensamientos y sentimientos que tienen lugar dentro de nosotros, mientras que el externo se refiere a todo aquello que nos llega desde el exterior, es decir de otras personas. Las personas codependientes tienen una tendencia muy grande a darle preponderancia al enfoque externo, se concentran mucho en lo que pasa a su alrededor, en lo que piensan los demás y en la imagen que proyectan, su necesidad de agradar y ser serviciales los obliga siempre a prestar más atención a lo que piensan los demás en lugar de confiar en sus intuiciones. Este es un problema muy grave que no les permite centrarse en sus verdaderos problemas, para lograr un cambio significativo en su proceso de recuperación es necesario que dejen de centrar sus esfuerzos en los otros y se dediquen a nutrir su enfoque interior. Tus pensamientos y emociones son tan válidos como los de los demás, es momento de que te detengas a escuchar la voz que hay en tu interior y te preocupes por ti mismo.

Compartiendo tu bienestar

Uno de los puntos que no podemos ignorar es el de tu círculo cercano, si las personas con las que te relacionas constantemente te ocasionan problemas de ansiedad y han exacerbado tus tendencias dependientes, entonces es tiempo de que te alejes de ellos y que busques acercarte a individuos que te alejen de estos comportamientos y que te aporten sentimientos positivos. Como dice el dicho, "el que con lobos anda a aullar aprende", de igual manera si te relacionas con personas positivas y que se preocupan por tu bienestar entonces verás que comenzarás a ver la vida desde otra perspectiva. Rodearte de las personas adecuadas puede cambia tu vida por completo, este es uno de los secretos del éxito, nadie puede llegar a la cima por su cuenta, siempre es necesario que otras personas te impulsen y te mantengan motivado, con su ayuda puedes superar la codependencia y no volver a caer en estos comportamientos nocivos. Si tienes a alguien con quien compartir tu bienestar entonces te será más fácil alejarte de las personas que no te aportan nada positivo. Necesitas aprender a distinguir cuando alguien se preocupa genuinamente por ti y cuando alguien solo quiere abusar de ti, es un paso fundamental que deben dar las personas codependientes, sin esta habilidad no podrán dejar atrás su condición.

En este capítulo continuamos por el camino de la recuperación, aprendimos algunos consejos prácticos que te ayudarán a que el proceso sea menos complicado y para que no lo abandones antes de conseguir resultados significativos. El cuidado propio es parte fundamental para dejar atrás la codependencia, sin él no podrías construir autoestima o establecer límites saludables con tus seres queridos. Para tener mejores resultados no olvides tener en cuenta los consejos que te hemos dado en los tres capítulos interiores, recuerda que necesitas constancia y paciencia, no será sencillo dejar atrás los comportamientos negativos que te han hecho codependiente, necesitarás de toda la ayuda posible y confianza en ti mismo. En el siguiente capítulo hablaremos de cómo sentirte mejor contigo mismo, algunas técnicas que te ayudarán a enfocar tu mente en cosas positivas y en encontrar placer en las cosas y personas que están alrededor tuyo. El placer es un complemento muy efectivo del cuidado propio, sentirte bien hará que tu mente se aleje de los pensamientos negativos y se centre en la construcción de autoestima, la valoración propia, la independencia y el amor.

Capítulo Cinco:

Conectándote con el placer

En este capítulo abordaremos un tema muy importante para que tu recuperación sea más efectiva: el placer y la felicidad. Es fundamental encontrar fuentes de alegría en nuestra vida para poder dejar atrás los comportamientos negativos y la dependencia excesiva. Está demostrado que una persona necesita pasar momentos de diversión para poder desarrollarse de manera normal, es una parte fundamental de la formación de nuestra personalidad, el mismo Sigmund Freud estudió esto, creó el llamado "principio del placer", en el cual describió que una parte básica del desarrollo de la personalidad del niño pequeño es descubrir el placer, perseguir el éxtasis, tener diversión sin límites ni restricciones y alcanzar estados de bienestar absoluto. El primer objetivo del niño en su vida es alcanzar un estado de disfrute sublime. Esto se aplica también a los adultos, nadie puede pasar todo su tiempo sufriendo o sintiendo ansiedad porque esto derivaría en profundos problemas psicológicos.

El placer se puede conseguir de distintas maneras, se puede alcanzar por medio de la experiencia sensorial, pero también por medio de la mente y las emociones, en un estado de conciencia. Puede ser por medio de la comida, hay estudios que demuestran que ciertas comidas pueden activar los centros de placer del cerebro. También puede lograrse por medio de una experiencia estética, como cuando vemos a la persona que amamos o cuando disfrutamos de una película que nos gusta mucho. El placer es muy importante porque libera los neurotransmisores encargados de las sensaciones placenteras como las endorfinas y la serotonina, estos neurotransmisores pueden cambiar la forma en la que funcionan nuestras conexiones mentales y, por ende, modificar nuestros patrones de comportamiento. Es de especial importancia que las personas codependientes experimenten sensaciones placenteras y produzcan los neurotransmisores de la felicidad para ayudarse a superar los comportamientos negativos.

La conexión mente y cuerpo

Tu cuerpo es una maquinaria compuesta de muchos sistemas y subsistemas que permiten el correcto funcionamiento de tu ser, el cerebro es el sistema central que controla las funciones de toda la máquina, hay una estrecha relación entre lo que pasa en tu cabeza y lo que pasa en tu cuerpo, uno tiene influencia en el otro, si tu cabeza está fallando esto se reflejará en tu cuerpo y de igual manera si algo está mal en tu cuerpo esto tendrá repercusiones en tu cerebro. Si haces cosas para que tu cuerpo sea más saludable, entonces estarás haciendo que tu salud mental también mejore. Nuestros pensamientos, sentimientos, creencias y actitudes pueden afectar positiva o negativamente nuestras funciones biológicas, por otra parte nuestros hábitos de ejercicio y alimenticios pueden impactar nuestro estado mental. Hay una relación entre lo físico y lo mental, esto se debe a nuestro sistema nervioso, ya que este se comunica por medio de impulsos eléctricos, por lo que las experiencias sensoriales o mentales son interpretadas de maneras similares.

Hay terapias que te pueden ayudar a combatir la codependencia gracias a esta conexión del cuerpo y la mente, estas terapias son algunos ejercicios en los que se conjunta el uso del cuerpo con la búsqueda de estados mentales de paz y tranquilidad. Algunos ejemplos pueden ser el yoga, el tai chi, el chi kung o el feldenkrais. Estas actividades son de gran ayuda ya que combinan distintos elementos que impactan tanto el cuerpo como la mente, en este tipo de actividades físicas se hace referencia a elementos como:

- La meditación
- La relajación
- La oración
- La creatividad
- La imaginación
- El pensamiento crítico
- El desprendimiento

Estas disciplinas activan partes importantes de nuestro cerebro, lo cual nos ayuda a tener un estado mental más equilibrado al mismo tiempo que mejoramos nuestra salud física. Este tipo de terapias pueden ser de gran ayuda para ti si sufres de tendencias codependientes severas.

Sintiéndote bien contigo mismo

Sentirse bien con la persona que eres es uno de los pasos más decisivos que tienes que dar para superar tus problemas de codependencia. Para lograrlo es necesario que te preocupes por cubrir todas tus necesidades, construir autoestima y adoptar una mentalidad realista. A lo largo de este libro hemos compartido contigo muchos consejos que puedes aplicar para ser una persona más completa, de tal forma de que puedas tener una imagen de ti mismo más positiva. Confiar en ti mismo y saber cuál es tu verdadero valor te harán más sencillo el camino de la sanación. Todas las mañanas cuando te mires frente al espejo intenta decirte algunas afirmaciones positivas, puedes comenzar el día con mensajes constructivos como: "hoy será un gran día", "soy una persona valiosa", "estoy agradecido de tener un día más de vida", "hoy voy a tener éxito en todo". Esta clase de afirmaciones te colocará en un estado mental positivo que te hará ver las cosas desde otra perspectiva.

La codependencia afecta la percepción que tienes de ti mismo, te hace ver como una persona indeseable cuyo único valor es servir a lo demás. Pero esto no es cierto, es una imagen irreal producto de tus problemas psicológicos, si examinas con detenimiento todo lo que tienes y hasta dónde has llegado en la vida te podrás dar cuenta de que no eres tan malo como tu codependencia te hace creer. Todos tenemos razones para sentirnos bien con nosotros mismos, lo importante es saber dónde buscar. No todo en la vida es dinero, posesiones o reconocimiento, hay miles de cosas que también importan y que puedes tomar en cuenta al momento de que te estás juzgando a ti mismo. Verás que no todo está perdido y que también tú puedes sentirte bien acerca de tu vida, este es un paso que debes dar para poder vencer la codependencia. Si haces un ejercicio de autoreflexión entonces encontrarás que tienes muchas cosas por las que estar agradecido, el agradecimiento es una herramienta excelente para ejercitar nuestra positividad y para hacer que los comportamientos nocivos se alejen de nosotros.

Juega y rejuvenece

El placer y la risa tienen efectos muy positivos en tu salud física y mental, si estás pasando por momentos difíciles entonces reírte y distraerte te pueden ayudar a reducir los niveles de estrés y en general a ser una persona más sana. Está comprobado que la risa tiene poderes terapéuticos muy grandes, por esta razón siempre se pueden encontrar personas en los pabellones infantiles y de cuidados intensivos de los hospitales dedicados a hacer reír a los enfermos. ¿Recuerdas el caso del doctor Patch Adams, aquel doctor que se hizo famoso por la risoterapia? Este médico estadounidense se ha consagrado por llevar risas y alegría a los enfermos a lo largo del mundo, porque está demostrado que la risa es una de las medicinas más potentes que existen. Hay muchas maneras de pasar ratos de sana diversión, tal vez puedes ver alguna película, asistir al teatro, leer las tiras cómicas o puedes simplemente pedirle a tus familiares y amigos que te cuenten algún chiste.

En la actualidad, tienes formas muy diversas de acceder a contenido humorístico, puedes simplemente entrar a alguna red social como Facebook, Twitter o Instagram y buscar páginas de memes, verás que te la pasarás muy bien. El ingenio humano no conoce límites y todos los días se están generando millones de memes graciosos que pueden hacer que te carcajees hasta las lágrimas. La risa tiene beneficios muy grandes para tu salud, mejora tu circulación, elimina el estrés, eleva tu estado de ánimo, libera endorfinas, mejora tu respiración, entre otros. Así que no lo pienses más, agarra tu celular inteligente y comienza a buscar algunos memes, verás que el mundo se ve de una manera mucho más colorida después de pasar un buen rato riendo y relajándote. Los beneficios para tu salud física y mental serán variados, estás a solo unas carcajadas de tener una vida más plena.

Levanta tu espíritu

Tu estado anímico influye en tu salud, si pasas todo el tiempo sufriendo y lamentando entonces tendrás una salud disminuida y una incapacidad para responder de forma correcta a las situaciones que se te presentan en la vida. Esto se relaciona con la conexión mente - cuerpo de la que hemos hablado anteriormente, por ello es importante que busques maneras de levantar tu espíritu y adoptes una mentalidad que te permita enfrentarte a las dificultades diarias en tu vida. La depresión, la ansiedad y el pesimismo son lastres que arrastras y que consumen tu energía, ¿alguna vez te has sentido que siempre estás cansado? ¿Que no tienes ganas de hacer nada? Estos pensamientos son producto de tu estado de ánimo, tu energía poco a poco va siendo drenada por la negatividad que arrastras contigo todo el tiempo. Por esta razón debes encontrar maneras de levantar tu espíritu, si no lo haces entonces te será muy difícil dejar atrás la codependencia.

Hay formas muy sencillas de mejorar tu estado de ánimo cuando estás pasando por un momento difícil, no tienes que invertir grandes cantidades de tiempo o esfuerzo, hay pequeñas acciones que pueden tener un impacto muy positivo en tu mente. Puedes levantar tu ánimo por medio de actividades físicas como el ejercicio, este es una gran herramienta ya que se ha demostrado que realizar ejercicio libera endorfinas, las cuales te hacen sentir mejor de forma inmediata. Tal vez lo que puedes hacer es comer un chocolate o algún dulce de tu preferencia, esto también manda señales de placer a tu cerebro para que este libere los preciados neurotransmisores de la felicidad. Tal vez puedes pasar un buen rato al lado de un amigo o leer un buen libro, tú sabes qué es lo que te produce placer, hay muchas cosas que pueden hacerte sentir mejor y que proporcionarán beneficios a tu salud de forma inmediata.

Calma tu ansiedad

La ansiedad es uno de los sentimientos más dañinos que puedes tener, los estudios han demostrado que una persona con ansiedad envejece más rápido, muere más joven y se enferma con mayor frecuencia. El nerviosismo es una respuesta normal de nuestro cuerpo a las situaciones que nos enfrentamos todos los días, pero cuando no tienes una psique saludable tu forma de reaccionar puede ser desmedida, lo que te ocasiona problemas de salud y puede afectar nuestra estabilidad mental de manera grave. Las personas codependientes pueden sufrir de muchos problemas de ansiedad, su constante obsesión con las acciones de la persona a la que está ligada ocasiona que sus niveles de ansiedad se disparen por los cielos. Si tú vives de esta manera es momento de que hagas algo al respecto, no es posible que pases la mayor parte del tiempo pensando en lo que hacen las demás personas, recuerda que no puedes controlar a los demás, no importa lo mucho que los quieras, debes entender que todos necesitamos de nuestra autonomía, inclusive tú.

Hay métodos muy diversos para combatir la ansiedad, el primero y más efectivo siempre será buscar la ayuda de un profesional, ya hemos hablado sobre este tema, pero siempre es bueno remarcarlo. Por otro lado, puedes realizar actividades que te ayuden a controlar tus emociones desmedidas, una forma muy buena es con meditación, esta técnica ha probado ser de mucha utilidad para combatir la ansiedad, además tiene beneficios adicionales para tu salud que te harán muy bien. Otra cosa que puedes hacer es tomar un té, pero es muy importante que evites a toda costa los tés que contienen cafeína, ya que este compuesto puede aumentar la ansiedad en lugar de disminuirla. Los medicamentos son efectivos pero solo cuando son recetados por algún doctor, no cometas el error de automedicarte puedes estar ocasionándote un daño mucho más grande del que intentas combatir. Encuentra tu lugar feliz y busca un tiempo a solas, refúgiate en él para que puedas disfrutar de unos momentos de tranquilidad.

Toma el control de tus sentimientos

Ya hemos hablado de que nadie puede controlar a las personas y que las cosas cambian sin importar que lo queramos o no, en un mundo en el que no podemos cambiar casi nada, nuestro poder más grande es el de controlar lo que pasa dentro de nosotros. Tú eres el dueño de tus emociones, dentro de ti se esconde la capacidad de controlar la forma en la que reaccionas a los eventos de tu vida diaria. Tal vez pienses que tus pensamientos son caóticos y que se presentan de manera inconsciente, pero eso no significa que no puedes controlar lo que piensas y sientes. Los sentimientos negativos se van a presentar en tu vida, de eso no hay duda, pero tan pronto como aparecen puedes confrontarlos para dejarlos ir. Cuando sientas que alguien te está haciendo daño con sus acciones, recuerda que no tienes que tomarte las cosas a nivel personal, tu estabilidad emocional es más importante que las acciones de los demás, puedes decidir hasta qué punto te afectan las cosas y buscar maneras de recuperar la calma y dejar que las cosas sigan su curso.

Hay distintas técnicas que puedes aplicar para hacer esto, una de ellas es hacer ejercicios de visualización. Por ejemplo, cuando te sientas intranquilo puedes imaginar que tus sentimientos y pensamientos son como un globo lleno de helio, imagina que tienes un manojo de globos y en cada uno está escrito el nombre de los sentimientos negativos, "ira", "miedo", "ansiedad", "desesperación", visualiza como se inflan los globos, velos atados a un hilo y que los sostienes todos en la mano, ahora imagina que abres la mano y ves como esos globos se van elevando, flotando lentamente hacia el cielo, fíjate cómo se van haciendo cada vez más pequeños y mientras se alejan también tus sentimientos negativos te van abandonando. Este tipo de técnicas de visualización son muy buenos ya que te permiten materializar y externar tus sentimientos negativos, de esta forma te será más fácil desprenderte de ellos.

Tómate un tiempo para ti

Pasar tiempo a solas es fundamental para las personas codependientes, todos necesitamos tiempo para dedicarnos a nosotros mismos, para cultivar nuestros intereses y nuestra personalidad, esto tendrá un efecto positivo en tu recuperación. Cuando estés solo puedes hacer un ejercicio de reflexión para ver qué es lo que hace falta en tu vida, es momento de que pienses en ti y no en lo que los demás hacen o necesitan, tu tranquilidad es algo muy preciado, no desperdicies este tiempo pensando en las cosas que te atormentan en tu vida diaria, necesitas unas vacaciones de tus problemas, deja a la persona codependiente en su casa, ahora este es un momento para tu verdadero ser, aquel que vive atrapado y que no puede salir debido a todos lo problemas que le echas encima.

Durante tu tiempo libre te puedes dedicar a aprender algo nuevo, a desarrollar un pasatiempo distinto, cualquier cosa que te haga crecer como persona y que mantenga tu mente ocupada. Nunca es tarde para realizar tus sueños de juventud, tal vez siempre quisiste aprender a tocar un instrumento o practicar un arte marcial, tú decides cómo invertir tu tiempo de la mejor manera, solo recuerda que tienes que hacer algo que te aleje de tus problemas, este debe ser un momento para que lo disfrutes tú, no lleves contigo a alguien de tu casa o tu trabajo que te recuerde a tu codependencia, libérate por completo, aunque solo sea por unos pocas horas a la semana, no importa, lo que importa es que tengas un espacio y un tiempo tuyos y solo tuyos.

Cubre tus necesidades sociales

Es necesario tener un equilibrio entre nuestro bienestar físico, mental y social, ya hemos hablado de los primeros dos aspectos, es hora de que nos enfoquemos en este último. Será imposible ser una persona saludable si sufrimos de problemas económicos, si estamos desempleados o si no tenemos una casa en donde vivir. Muchas personas sufren de abusos en sus hogares porque no tienen independencia económica, no se salen de sus casas porque no tienen a donde ir, es fácil dejar que una persona abuse de ti si no tienes los medios para valerte por ti mismo. Para que esto no te suceda asegúrate de que puedes cubrir tus necesidades básicas, es decir alimento, casa y vestido, si lo logras verás como te sientes mucho mejor, verás que vales más de lo que pensabas y que puedes dejar de depender de los demás.

Tal vez te cause ansiedad pensar de qué forma te puedes ganar la vida, pero no te preocupes en la actualidad hay miles de opciones para obtener un ingreso, ya no es como antes, ahora desde la comodidad de tu casa, utilizando tu computadora o tu teléfono inteligente puedes encontrar trabajos que puedes realizar en tus tiempos libres. Tal vez tengas algún pasatiempo que te pueda redituar, si te gustan las artesanías o crear productos caseros como conservas o galletas, ahora más que nunca hay oportunidades para ganar dinero. No dejes que tus comportamientos nocivos te venzan, tienes el poder de salir adelante y dejar de depender de aquella persona que solo te está lastimando.

En este capítulo hablamos de la importancia de sentirnos bien con nosotros mismos y de realizar acciones que contribuyan a nuestra felicidad. Un cuerpo sano es indispensable para tener una mente sana y una mente sana puede lograr cualquier cosa que se proponga. Hay varias maneras de conseguir felicidad en tu vida, aquí solo te presentamos algunos consejos, sin embargo, hay miles de formas de relajarte y pasar ratos agradables, tú te conoces mejor que nadie y sabrás encontrar la felicidad que te haga falta para salir de tu estado de codependencia. Ya hemos hablado de este tema anteriormente, sin embargo, no podemos dejar de señalar su importancia, una persona codependiente tiene que aprender a darse su lugar, a valorar sus sentimientos y opiniones para así ser un individuo productivo y funcional. Poner tus necesidades por encima de las necesidades de otros no tiene porque ser un acto de egoísmo, es un acto de cuidado propio. En el siguiente apartado hablaremos de un tema fundamental: las relaciones afectivas. Este es un rubro en el que los codependientes siempre tienen problemas, es momento de que tomes cartas en el asunto y aprendas a rehacer la forma en la que interactúas con tus seres queridos.

Capítulo Seis:

El problema con tus relaciones

Cuando se trata el tema de la codependencia, las relaciones interpersonales son el centro de la discusión, ya hemos hablado bastante de las cosas que pasan dentro de la psique de la persona codependiente, pero ahora vamos a hablar de la otra parte de la ecuación: la persona (o personas) a las que se atan y que ocasionan este trastorno. Para ser codependiente se necesitan dos, un individuo con conductas autodestructivas y otro que lo encubra. Una vez que has entrado en el círculo vicioso de la codependencia todas las relaciones que entablas se ven afectadas, pierdes la capacidad de relacionarte de una forma natural y saludable. Por esta razón, es necesario que inviertas tiempo reflexionando y descubriendo maneras de sanar tus relaciones, todas, no solo con tu pareja o familiar codependiente, sino con todas las personas que te rodean. Volver a tener relaciones saludables con la gente que te rodea es un paso muy importante en tu camino a la recuperación, de esta etapa depende que en lo sucesivo no vuelvas a desarrollar tendencias codependientes nunca más y puedas vivir el resto de tu vida de forma plena.

El camino hacia la sanación es uno que debes recorrer acompañado, pero por las personas correctas, individuos que realmente se preocupen por tu bienestar y te vean como un amigo, un familiar, un amor, no como una fuente de comodidad o un esclavo. Tú también tienes que hacer mucho para lograr que los demás te vean de manera positiva, debes trabajar en tu autoestima y dejar atrás esas conductas dañinas que te hacen un blanco fácil para los abusadores.

Todo comienza cuando te das cuenta de que estás cometiendo un error al intentar salvar a las personas, de que no importa cuánto te esfuerces hay cosas que nunca van a cambiar, así como un alcohólico no dejará la bebida por mucho que le ruegues o sufras por él, el único camino hacia la recuperación es que el mismo alcohólico busque ayuda, de otra forma será imposible, recuerda que no puedes ayudar a alguien que no quiere ser ayudado, lo mismo pasa con las personas codependientes, no intentes cambiar a los demás, el cambio solo es posible cuando viene desde adentro.

Dando más de lo que puedes dar

La conducta más común que podemos percibir entre los codependientes es que intentan dar más allá de sus posibilidades. Sienten la necesidad de arreglar el mundo para que la persona a la que están atados no tenga que sufrir ni el más mínimo desaguisado, adoptan una mentalidad extremista en la que se puede ir de un extremo con delirios de grandeza o de autodesprecio. Pensamientos como "la gente no puede vivir sin mí", "soy indispensable para el reino de Dios", "las grandes obras del mundo no se lograrán si mi ayuda", se presentan en aquellos que tienen un sentido de superioridad, mientras que otros pueden pensar cosas como "la gente me necesita pero los voy a decepcionar", "nunca seré un buen cristiano", "Dios debe odiarme porque soy indigno", cuando el paciente adopta una conducta en la que se infravalora. Todos estos pensamientos son irreales, para una persona normal es evidente que es imposible llenar estas expectativas, ni eres el ser más poderoso del universo ni eres una especie de basura humana.

Debes aprender a dimensionar tus intenciones, si no lo haces nada podrás aportar a los demás en realidad, cuando decides enfocar todos tus esfuerzos en el bienestar de alguien más lo que estás haciendo es mermar tus fuerzas y poco a poco irás quedándote sin energía, por lo que terminarás siendo una carga más que una ayuda. Tratar de dar más allá de tu posibilidades reales es un comportamiento destructivo que no te llevará a ningún lado, tienes que encontrar un balance entre tus ganas de ayudar y tus capacidades reales. Esto puede ser un poco complicado cuando sufres de codependencia, pero si pones en práctica todo lo que hemos discutido en este libro, entonces estarás fortaleciendo tu autoestima y podrás establecer límites saludables entre tus necesidades y las necesidades de los demás. Recuerda que siempre debes cuestionar los pensamientos negativos que vienen a tu mente y saber que hay una línea que separa las preocupaciones válidas de las obsesiones.

Preocupaciones y obsesiones

Hay un límite que separa lo que es una preocupación de una obsesión. Es natural que te sientas preocupado por tus seres queridos, todos tenemos ese instinto de procurar y proteger a las personas que queremos, sin embargo, a veces pasamos demasiado tiempo pensando en esto y sin que nos demos cuenta podemos cruzar la línea de la obsesión. ¿Qué tanto es sano pensar en los demás? No hay una respuesta determinante a esta pregunta, pero la prueba que te dirá si estás siendo obsesivo es la siguiente, una obsesión es cuando tu deseo de ayudar es tan grande que no te permite realizar tus actividades comunes, por ejemplo, ¿te ha pasado que no comes por estar pensando en qué va a comer alguien más? ¿Pierdes el sueño por tu preocupación de qué hace y dónde andará tu ser querido? ¿Usas todo tu dinero en otra persona y tienes dificultades para cubrir tus gastos más básicos? Si respondiste que sí a alguna de estas preguntas entonces estás teniendo problemas para controlar tus comportamientos compulsivos.

Preocuparte por alguien de manera saludable no implica sacrificar tu bienestar, se trata de que puedas compartir con la otra persona lo que tienes pero sin que esto signifique que tú tengas que privarte de cosas. Muchos padres tienen problemas para decirles no a sus hijos y gastan todo su dinero en regalos y cosas que sus niños quieren, pero esta clase de acciones tienen repercusiones negativas en la economía familiar. A veces los padres se endeudan tanto que no pueden hacer frente a sus obligaciones y pueden enfrentar consecuencias muy extremas como perder su casa, de modo que terminan dañando a sus hijos de una manera más profunda. No dejes que lo mismo te pase a ti, no tienes que hacerte cargo de todo, recuerda que las personas necesitan de su autonomía, sin ella ninguna relación puede desarrollarse de manera funcional.

Comunicándote efectivamente

Para lograr una comunicación efectiva con las personas que te rodean es necesario que te des tu lugar y le pierdas el miedo a expresar lo que realmente sientes. Para hacer esto debes desarrollar tu asertividad, aquella cualidad en la que puedes dar tu punto de vista de forma activa y no agresiva. Si no alzas la voz, si no expresas tus sentimientos entonces no te estás comunicando realmente con las personas de tu alrededor, estás aislado por un muro de inseguridad y autocompasión que no permite que los demás se acerquen a ti. La comunicación es elemental para hacer que cualquier relación funcione, una buena comunicación necesita que sea de ida y vuelta, debes escuchar a tu interlocutor y él debe escucharte a ti. Es uno de los componentes fundamentales de cualquier relación interpersonal, muchos matrimonios fracasan porque no encuentran formas apropiadas de comunicarse, muchas veces la gente deja de hablarse cuando se enojan pero esto es lo peor que puedes hacer, esto solo hace que los problemas se vuelvan más grandes.

Si la naturaleza nos dio la capacidad del habla es para que hagamos uso de ella, lo que nos separa del resto de los animales es nuestra capacidad casi infinita para producir mensajes. Hay algunos consejos que pueden ayudarnos a comunicarnos de manera más efectiva con nuestros seres cercanos, algunos que podemos mencionar son:

- Presta atención en todo momento, es vital que siempre estemos al tanto de lo que dice nuestro interlocutor para que nos podemos involucrar de lleno en la conversación.

- Haz contacto visual, es de muy mala educación no mirar a la cara a la persona con la que estamos hablando, deja tu celular por un momento y concéntrate en lo que te están diciendo.

- Haz preguntas acerca de lo que te están diciendo, de esta manera se notará que estás prestando atención y que te interesa lo que tu interlocutor está compartiendo.

- Sé conciso, evita los rodeos, intenta expresar tus ideas de la manera más sencilla posible para que la conversación no se vaya por las ramas.

Volviéndote independiente

Comunicarte de manera efectiva, autovalorarte y controlar tus obsesiones te permitirán ser una persona más independiente. La independencia es necesaria para poder dejar atrás la codependencia, si no confías en ti mismo y no permites que los demás te ayuden de forma saludable, entonces no podrás dejar atrás los malos hábitos que te llevaron a ser un persona dependiente. Ser libre significa darte un espacio para ti, colocarte a una saludable distancia de los demás y sus sentimientos, también se refiere a pasar tiempo solo, valorándote como es debido para que puedas desarrollar todos los rasgos de tu personalidad. Ser independiente significa tomar las decisiones importantes de tu vida siguiendo tus creencias y opiniones propias, sin que nadie interfiera en ellas, todo por voluntad propia y de forma consciente. Esto quiere decir que tú estás en control de lo que pasa por tu mente, tú eliges qué sentir, qué pensar y eres capaz de expresarte sin problemas en frente de la gente que te rodea.

Un individuo con independencia entiende que todo lo que pasa en su vida sucede por una razón y que está en sus manos poder cambiar cualquier cosa que no le guste o que le cause problemas. No espera a que alguien más resuelva sus problemas, de la misma forma como sabe que no debe involucrarse en los problemas de los demás, sabe hasta qué punto ayudar a los demás. Pero también guarda distancia para no ocasionar más problemas de los que ya tiene. Esta es una cualidad que necesitas desarrollar para dejar de ser codependiente, en la vida de una persona autónoma no hay espacio para la dependencia excesiva, porque no se deja arrastrar por la voluntad de otras personas, su propia voluntad es como un ancla que lo mantiene firme ante los embates del mundo y las personas que forman parte de su vida.

Herramientas para dejar ir

Una persona codependiente es muy parecido a un acomulador, es alguien que no puede dejar ir a las personas, sus sentimientos y las cosas. Va acomulando de manera obsesiva todo lo que experimenta, arrastra tras de sí una enorme carga emocional que le impide vivir de forma natural su vida y establecer relaciones saludables con los otros. Ser un acumulador es una conducta muy dañina, pone un peso muy grande sobre tus hombros, tanto que dejas de ser una persona para convertirte en una animal de carga, hablando en sentido figurado claro está. Tu carga hace que te pierdas entre todos los pensamientos negativos y que no puedas comunicarte con el exterior, impidiendo que superes la codependencia. Para que puedas liberarte del peso extra que te está deteniendo, es necesario que aprendas a dejar ir.

1. Deja de pensar las cosas demasiado

¿Alguna vez has pasado la noche en vela pensando en las cosas que hiciste mal durante el día o en todas las cosas que no dijiste en el momento adecuado? Si es así, entonces tienes un problema, piensas las cosas demasiado. No es nada productivo que te obsesiones con las cosas que ya pasaron o que pasarán en el futuro, tal vez tengas que dar una presentación en tu trabajo en los próximos días y el nerviosismo no te abandona ni un momento. Esto pasa por tus tendencias a querer controlar cada aspecto de tu vida, es indispensable que dejes ir estos pensamientos negativos para que te enfoque solamente en el aquí y ahora. Pensar las cosas demasiado no siempre es de gran ayuda, a veces solo empeora las cosas.

Lo que tienes que hacer es distinguir cuando tus pensamientos están enfocados en encontrar una solución y cuando son solo preocupaciones obsesivas. Por ejemplo, si estás pensando en la presentación que darás en tu trabajo, detente a analizar qué tanto de esos pensamientos se relacionan con actividades provechosos y que pensamientos solo son una retahíla de lo mismo, si no estás pensando en cosas productivas entonces es mejor que deseches esos pensamientos. La clave está en hacer planes, estrategias, si algo te preocupa entonces enfócate en buscar una solución.

2. Vive en el presente

Ya hemos hablado de esto en otros momentos, la gente codependiente no puede aceptar que el mundo está en constante cambio y que no hay nada que pueda hacer para cambiar el pasado. Es vital que todos aprendamos a dejar ir las cosas que no podemos controlar, aquellas que ya han sucedido y aquellas que están por suceder. Es bueno hacer planes, estar preparado para afrontar una situación, pero debemos estar conscientes de que las cosas no siempre saldrán como lo esperamos, a veces las eventualidades se presentarán y no hay nada que podamos hacer al respecto. El pasado y el futuro están muy lejos de nosotros, el pasado ya ha quedado atrás y no hay nada que podamos hacer para modificarlo, mientras que el futuro aún no llega y lo único que podemos hacer para realmente influir en él es trabajar en nuestro presente. Si te preocupa mucho lo que sucederá en tu trabajo o en tu casa, entonces enfócate en aprovechar tu tiempo, haz cosas que te hagan crecer como persona para que cuando llegue aquel evento que tanto te preocupa, tú seas una mejor persona y lo puedas encarar de mejor manera.

Las cosas esenciales en al vida son en las que te tienes que involucrar, todo lo demás es superfluo, no necesitas ganar más dinero o comprar cosas nuevas si esto significa que pasarás por momentos amargos. Tu tranquilidad no tiene precio, debes enfocar tus esfuerzos en mantenerla, es mejor que ir por ahí teniendo problemas para comprar cosas que no necesitas. Ahorrate dolores de cabeza y lágrimas, mejor piensa en lo que tienes y aprende a ser agradecido. Si puedes librarte de los pensamientos innecesarios y vivir en el presente entonces verás que tu vida será mucho más sencilla, dejarás de arrastrar contigo la carga emocional que te está haciendo daño y vivirás tranquilo. La vida no tiene que ser un calvario para ti, la diferencia entre una vida trágica y una plena está en la perspectiva, cómo ves las cosas, qué es lo que esperas y cuáles son las acciones que tomas para vivir mejor.

3. No tomes decisiones apresuradas

Este es un consejo muy útil porque al pensar bien al cosas antes de tomar una decisión te puedes estar ahorrando muchos problemas. Una forma de estar tranquilo en la vida es alejarse de los problemas innecesarios, las dificultades pueden estar a la vuelta de cualquier esquina, por ello es indispensable que tú mismo no te ocasiones dificultades innecesarias. Tienes que elegir muy bien las actividades que quieres hacer, en qué empresas te quieres involucrar y qué cosas son las que quieres conservar. Menos es más, porque así puedes aplicar más tiempo de calidad a lo que realmente importa. Si alguien te pide participar en algo que no quieres, es casi seguro, que algo no saldrá bien, es una ley de Murphy, "lo que mal empieza mal acaba". Ahórrale problemas a tu yo del futuro, no te involucres en actividades que no te hacen sentir bien, es más fácil decir que no que tener que sufrir de forma innecesaria por algo que ni siquiera te interesa. Aprender a decir que no puede hacer una gran diferencia en tu vida, al principio puede ser un poco complicado, no obstante, con práctica y constancia podrás hacerlo, recuerda que no eres el héroe que salvará al mundo del apocalipsis, eres una persona normal con limitaciones, pero también con fortalezas, haz que una de esas fortalezas sea decir que no en lo momento adecuado.

En este apartado hablamos de un tema muy importante, nuestras relaciones interpersonales y cómo sanarlas si eres una persona codependiente. Para que tu vida sea tranquila y plena necesitas recuperar el control sobre tus relaciones, arrancarlas de las garras de la codependencia y aprender a evitar los comportamientos nocivos que te llevaron a ella. Este es un paso muy importante que tienes que resolver antes de seguir en tu camino hacia la sanación, si no todos los esfuerzos que hagas serán en vano, tal vez puedas alejarte de la persona a la que te sientes atado y experimentes un alivio momentáneo, pero en el momento de que establezcas nuevas relaciones estarás arrastrando las mismas conductas nocivas del pasado y te volverás codependiente de nuevos individuos. Esto es algo que no te puedes permitir, antes de dar el siguiente paso, lo primero que tienes que hacer es aprender de nuevo a relacionarte con las personas sin querer controlarlas o hacerlas el centro de tu universo.

En el siguiente capítulo seguiremos abordando el tema de las relaciones, hablaremos de algunos consejos prácticos que te ayudarán a establecer relaciones duraderas y sanas, de esta manera te estarás alejando de la codependencia de una manera efectiva para que no vuelvas a caer en sus garras nunca más. Descubrirás que esto es posible si te valoras a ti mismo y entiendes que no puedes salvar al mundo, por lo menos no tú solo y sacrificándote por el bien de los demás. Las relaciones interpersonales son la base de nuestra sociedad, si quieres ser un miembro funcional de tu comunidad entonces debes aprender a relacionarte con las personas que te rodean, los beneficios para tu salud serán muchos y verás que otra forma de vivir es posible. La vida siempre es más feliz cuando tienes personas especiales con quienes compartirla.

Capítulo Siete:

Haciendo que tus relaciones funcionen

Ya hablamos de los problemas que las personas codependientes enfrentan en sus relaciones personales, ahora que has tomado la decisión de avanzar en el camino de la sanación es momento de que aprendas sobre cómo hacer que tus relaciones se mantengan saludables y prosperen con el paso del tiempo. No existe el amor infinito, no es una especie de fuente inagotable, es más bien como un músculo, tienes que ejercitarlo para mantenerlo fuerte y que no se atrofie. Muchas personas dan por sentado que sus parejas las aman de manera incondicional y no se esfuerzan en lo más mínimo por nutrir sus sentimientos, este es un error que hace que sus relaciones fracasen. El amor es cuidado mutuo, acompañar a tu pareja en su camino hacia el crecimiento personal y compartir las mieles del cariño. Si ambos no ponen de su parte entonces esa relación no podrá desarrollarse, se estancará y lo único que pasará será que se acumlarán frustraciones y la relación reventará.

Para que tus relaciones de pareja no fracasen o caigan en comportamientos dañinos, puedes seguir los consejos que compartiremos contigo a continuación, sencillos pasos para entender mejor cómo llevarte mejor con tu pareja y hacer que el cariño y la buena voluntad entre ambos dure más tiempo. Lo primero que siempre debes tener en cuenta cuando estás dentro de una relación y sufres de codependencia, es que no todo es tan malo como parece, no hay ningún contrato que te obligue a ser el proveedor, así como tampoco tienes que sentir que eres un estorbo para tu pareja, debes aprender a distinguir los pensamientos negativos irreales y sustituirlos por pensamientos realistas y positivos. La codependencia puede arruinar todas las relaciones de tu vida, pero en lo que se refiere a las relaciones amorosas puede ser un desastre. Pero no te preocupes, lo único que tienes que hacer es empezar desde cero, aprender una vez más cómo relacionarte con esa persona especial a la que quieres dar todo tu cariño y tiempo.

Navegando la autonomía

Tener una pareja no tiene porque ser sinónimo de sacrificar nuestra independencia, nuestras aficiones y nuestras opiniones personales. Al principio de una relación es común que quieras estar todo el tiempo con tu pareja, pero conforme pasa el tiempo y la fase de enamoramiento se termina, entonces este deseo desaparece y se vuelve indispensable desarrollar un espacio propio. Una relación se trata de mucho más que ser iguales y coincidir, hay que conectar, aceptar y crecer al mismo tiempo. Las personas que sufren de dependencia emocional, experimentan miedo al abandono y a perder a la otra persona, este temor les puede llevar a limitar sus actividades si no es con su pareja y, en casos extremos, a limitar todo su mundo. En un principio esto parece inofensivo, pero en realidad causa daños muy grandes en la autoestima y la autovaloración de ambos. Para que esto no suceda se recomienda desarrollar los intereses propios, aquellos en los que no está involucrada la otra persona.

Tener un espacio propio e íntimo en el que no se involucre la otra persona te ayuda a entender mejor la relación, hacerte consciente de que así como tú necesitas de ese espacio para respirar, tu pareja también tiene que hacer cosas por sí misma para ser una mejor persona. Darnos este espacio personal ayuda a combatir los mitos que predominan en el amor romántico como, "una pareja con autonomía se ama menos", esto es completamente falso, porque en realidad una pareja que se da su espacio puede atenderse y cultivar aquello que los hace vibrar sin depender de otra persona para llevarlo a cabo. Cuando vives con tu pareja esto cobra especial relevancia, porque significa que pasarán mucho tiempo juntos, entonces es necesario encontrar la manera de darse su espacio, descubrir la forma de habitar la misma casa pero tener un espacio propio. Vivir en pareja no significa que tienes que fusionarte con la otra persona, debes cultivar tu individualidad para tener cosas buenas que ofrecer a tu ser querido.

La intimidad

Intimidad es el espacio más cercano a nosotros, aquel al que solo dejamos entrar a nuestras amistades más estrechas. Nuestra intimidad la compartimos con un ser muy querido al que le tenemos una gran confianza. La intimidad engloba varios aspectos de nuestra vida, el más común es el físico, todo lo relacionado con nuestro cuerpo, pero también es la zona espiritual interna, la emocional, la mental y social. Es común que no mostremos nuestros sentimiento y compartamos nuestras ideas más personales con cualquiera, se reservan a la propia persona o a los amigos más íntimos, un grupo restringido que puede incluir a tus familiares más cercanos y algunos pocos más. Cuando se está en una relación se suele compartir la intimidad física, es lo más común y se olvidan los otros aspectos mentales, espirituales y emocionales. Este es un error que no debes cometer, para que tus relaciones funcionen tienes que abrir más tu intimidad a tu pareja.

La intimidad y la privacidad son conceptos distintos dependiendo de las culturas y los individuos. La intimidad es la preservación del sujeto y sus actos del resto de seres humanos, pero también se refiere a la característica de un lugar que invita solo a los elegidos. La intimidad a veces se relaciona con no ser conocido por muchas personas pero todos tenemos derecho a vivir nuestra vida fuera de la opinión pública. La intimidad puede ser entendida como un aspecto de la seguridad de los individuos, en el cual el balance entre los intereses de la persona y la sociedad pueden ponerse en evidencia.

La vida sexual

La palabra sexo tiene que involucrar algo más allá que el simple acto sexual, es un concepto que debe incluir afecto, atención, calidez y amabilidad. Los ingredientes de una una buena vida sexual son el compromiso, la reciprocidad y el deseo de mostrarle a tu pareja de que él o ella es especial y deseada por ti. Cuando una persona puede sentir todas estas cosas, entonces el sexo la hace sentir querida, segura y libre. Los problemas sexuales en una relación comienzan a aparecer cuando uno de los dos se deja de sentir especial, sienten que la otra persona ha perdido el interés en el amor y solo se preocupa por el mero aspecto físico del sexo, una simple necesidad corporal que se puede satisfacer en una cuestión de minutos. Si no quieres que esto te suceda tienes que hacer un pequeño esfuerzo diario para mostrarle a tu pareja que te importa y que no es solo un deseo carnal lo que te hace estar con esa persona. Pequeñas cosas como una caricia, un beso, abrazos o tomarla de la mano mientras miran la televisión pueden hacer una gran diferencia.

La sexualidad es un aspecto muy importante de toda relación, si esta no funciona, no hay química entre ambos, entonces será muy difícil que la relación prospere. Lo mismo pasa si los otros aspectos de la relación están mal, el simple hecho de tener una sexualidad satisfactoria no es suficiente para hacer que su relación funcione. Debe haber un equilibrio en todos los aspectos de su vida en pareja, todo es importante para que a la hora de que estén juntos compartiendo su intimidad física no haya otros problemas en la mente de ambos que les impidan disfrutarse de manera plena. Tienes que ser abierto con tu pareja, hablar con ella acerca de las cosas que te gustan y aquellas que no, pueden intentar cosas nuevas para mantener la pasión encendida, en una buena relación la vida sexual debe mejorar con los años no empeorar.

Receta para una relación sana

En una relación de pareja hay aspectos muy importantes en los que debemos trabajar para que los lazos afectivos no se vayan deteriorando con el tiempo. El amor entre dos personas no es algo abstracto que ha bajado del cielo, es una serie de vínculos que se establecen entre ambos, un esfuerzo continuo por conseguir el bienestar personal para compartirlo con tu pareja. Tener una relación saludable implica ser sincero, comprometerse con la relación, no tener miedo al cambio, compartir momentos valiosos con tu pareja y saber manejar las dificultades. Si haces todo esto verás que con el tiempo tu relación se mantendrá firme y el cariño que se tienen irá creciendo. A continuación compartiremos algunos consejos que te serán de mucha ayuda si estás teniendo problemas para llevar tus relaciones afectivas de manera saludable, en nuestra opinión lo principales puntos en lo que tienes que trabajar constantemente son lo siguientes:

1. Encontrar la forma de pasar más tiempo de calidad

Pasar tiempo de calidad con tu pareja es algo muy importante, muchas personas no se detienen a pensar en esto, pero es algo que necesitas para que tu vida en pareja funcione. Conforme pasa el tiempo dentro de la relación, es común que demos por sentado a las personas, que se nos olvide procurar a nuestros seres queridos y que asumamos que ellos siempre estarán ahí por nosotros. Sin embargo, esto no es así, una relación es como un trabajo, y en ella ambos tienen que trabajar para que las cosas funcionen, sino entonces la relación se irá deteriorando irremediablemente y los sentimientos negativos se irán apoderando de ambos. Debes dedicarle tiempo a tu pareja, y esto no se refiere solo a que estén juntos, tienen que hacer cosas juntos, cosas que los unan, que los ayuden a aprender más el uno del otro y que permitan que el amor continúe creciendo. Una relación va cambiando de la misma forma que las personas cambian, debes darte el tiempo de escuchar a tu pareja, acompañarla en sus proyectos, alentarla a intentar cosas nuevas y a reforzar su cariño constantemente.

2. Mantener la comunicación

Sin duda, este es uno de los puntos más importantes en cualquier relación, sin una comunicación efectiva y afectiva es imposible mantener nuestras relaciones. Para que cualquier interacción funcione se necesita de una buena comunicación, a veces estamos tan ocupados con nuestro trabajo o nuestra vida personal que no nos damos cuenta cuando nuestra pareja intenta decirnos algo o cuando necesita algo pero no tiene el valor para externarlo o no conoce las palabras para expresarlo. Recuerda que existen muchas formas de comunicarse y que no todo se dice con palabras, si no le prestas la atención necesaria a tu pareja entonces no podrás saber qué es lo que te quiere decir o qué es lo que necesita. Lo mismo va para ti, tienes que hablar constantemente con tu pareja, expresarle tus deseos y necesidades, de igual forma debes comunicarle si hay algo que está mal y que no te deja estar tranquilo, recuerda que tus sentimientos son igual de válidos que los de la otra persona, reprimir lo que sientes solo hará que las cosas empeoren. Para que esto no suceda invita a tu pareja a platicar, elijan un día de la semana para comunicarse todo lo que sienten y actualizarse en el estado reciente de sus vidas.

3. Aprende a dar y recibir

Una persona sana debe saber dar y recibir de su pareja, de una manera recíproca y equilibrada. Es común que haya personas que solo quieran dar y el polo contrario, personas que solo quieren recibir. Los extremos nunca son buenos, no puedes ser el proveedor de todo en tu relación y tampoco puedes esperar que tu pareja resuelva tu vida por ti. Las personas codependientes tienden a ser extremistas, se colocan de un lado o del otro, piensan: "yo soy el que mantiene viva esta relación, si no es por mí esto se acabaría", o pueden pensar, "no tengo nada que aportar a mi relación, haré todo lo que me diga mi pareja para que esto no se termine". Estos pensamientos son muy dañinos, además están completamente errados, no podemos dejar que uno de los dos tomé toda la responsabilidad. En una pareja hay dos, por muy obvio que esto suene, es importante tenerlo en mente, ya que si uno de los dos no está dando lo suficiente entonces la relación está destinada a fracasar. Las personas codependientes tienen problemas para recibir, se sienten indignos, creen que no merecen que los demás se preocupen por ellos, pero este comportamiento está equivocado, es provocado por su propia inseguridad y debe ser desechado para que sus relaciones logren prosperar.

4. Prepárate para los altos y los bajos

Ninguna relación puede ser perfecta todo el tiempo, es natural que pase por momentos difíciles, por lo que es importante que ambos estén preparados para que esto no signifique el final de la relación. Los problemas son una parte esencial de toda las relaciones, las individualidades de cada persona van ocasionando roces entre ambos, estos pueden volverse cada vez más grandes hasta que los problemas estallan. Para tener una buena relación ambos deben estar conscientes de que son diferentes, que por mucho que busquen ser lo más parecido posible siempre habrá puntos en los que no podrán ponerse de acuerdo, por ello deben estar preparados para las dificultades.

Tener un plan de contingencia para los tiempos difíciles es una excelente manera de mantener tu relación sana, ambos deben estar conscientes de que los problemas no se pueden evitar, irremediablemente se presentarán y en vez de luchar uno con el otro deben cooperar para salir adelante más pronto.

5. Respeta los límites de tu pareja

Ya hemos hablado de la independencia que necesitan las personas en cualquier relación, entonces es importante remarcar que en tu vida de pareja debes respetar los límites que establecen ambos. Hay cosas en las que estarán de acuerdo y otras en las que no podrán hacer un pacto, es importante que aprendas a respetar las decisiones de la otra persona, aun cuando no puedas entenderlas por completo. También pasará en tu caso, a veces tu pareja no entenderá lo que haces o las cosas que te gustan, para que esto no se convierta en un problema ambos deben respetar los límites que se establezcan, si tu respetas los gustos de la otra persona, entonces ella podrá respetar los tuyos. No quieres que tu pareja haga todos los sacrificios, si no aprendes a respetar los límites que ella establece, entonces ella tampoco respetará los tuyos. El punto clave es el equilibrio, si pueden encontrar un punto medio entonces no tendrán problemas para superar las dificultades.

6. No te opongas al cambio

Todos cambiamos, el cambio es constante y con el paso del tiempo serás una persona completamente distinta, no esperes que tu pareja te siga amando de la misma manera como si siguieras siendo aquella persona de la que se enamoró en su juventud, esas personas que fueron se han quedado atrás y ahora tienen que enfrentar la realidad y ver qué es lo que todavía los une. Si solo estás con alguien por costumbre entonces puedes estar seguro que tu relación es muy frágil y que con los embates del tiempo y los problemas se derrumbará. Las personas posesivas tienen miedo al cambio, no les gusta ver que sus parejas intenten cosas nuevas, pero este es un error muy grande. No puedes obligar a nadie a que permanezca igual, debes aprender a combatir tus inseguridades y dejar que tu pareja experimente cosas distintas. Lo mismo va para ti, tal vez tú necesites hacer las cosas de una manera distinta, tal vez lo que te hace falta es salir de tu zona de confort y ver qué es lo que puedes mejorar para que tu pareja esté más feliz contigo.

7. Pierde el miedo al compromiso

En la actualidad es muy común encontrar personas con miedo al compromiso, las redes sociales nos han llevado a pensar que existen millones de personas disponibles a estar con nosotros, por eso tememos elegir una pareja, pensamos en todos "aquellos" que están allá afuera y que podrían ofrecernos experiencias satisfactorias. Pero esta es solo una falacia, en realidad las personas que valen la pena son muy pocas, y el hecho de que interactuemos con mucha gente en las redes sociales no significa que será igual en el mundo real. El compromiso es algo que puede hacerte bien, es necesario para hacer que nuestras relaciones crezcan y sean algo más que un simple coqueteo. El amor solo se puede dar entre dos personas que tengan responsabilidad afectiva, que se comprometen en cuidar el cariño que reciben y el que dan.

En este capítulo hablamos sobre la importancia de trabajar en tus relaciones, en poner de nuestra parte para que la convivencia con nuestros seres queridos sea productiva y llena de amor. Tener relaciones saludables no es una tarea fácil pero con la mentalidad y el esfuerzo adecuados puedes lograrlo. Todos los días aplica los consejos que hemos compartido contigo aquí para que tus relaciones se nutran y florezcan con la fuerza del amor. No cometas el error de pensar que el amor es para siempre, las personas cambian con el tiempo y si no haces nada por ser una mejor persona entonces dejarás de ser alguien atractivo y valioso para tu pareja. Es algo natural, el amor no crece en los árboles, el amor se produce en el seno del hogar, por medio del cuidado y la comunicación. En el siguiente apartado abordaremos un tema muy importante para dejar de ser un individuo codependiente, estamos hablando del perdón, este es un valor fundamental que nos dará fuerzas renovadas para dejar de arrastrar todo lo que ya no necesitamos y salir adelante en nuestra vida.

Capítulo Ocho:
El camino del perdón

La vida de una persona codependiente está llena de remordimientos, siempre se están lamentando por el daño que han recibido en el pasado y no pueden mirar hacia adelante con la frente en alto. Para poder superar esta actitud que te obliga a arrastrar contigo el pasado, existe una herramienta muy efectiva que te puede ayudar a librarte de la carga emocional negativa y ver la vida desde una perspectiva más optimista, estamos hablando del perdón. Aprender a perdonar es algo esencial que las personas que sufren de codependencia tienen que hacer para poder dejar atrás todos sus comportamientos negativos. La razón de que el perdón sea tan necesario para los codependientes se debe a que han sufrido mucho daño a lo largo de sus vidas, necesitan dar un paso adelante para perdonar a las personas que los han lastimado y poder seguir con su vida como una nueva persona.

Siempre nos encontraremos con individuos que nos harán sufrir, puede que a veces el daño provenga de un acto premeditado o tal vez puede ser un daño colateral, pero no podemos dejar que el remordimiento y el dolor del pasado nos impida avanzar, el perdón es la llave para poder superar este estado mental. Es necesario primero que aprendamos a perdonarnos nosotros mismos, solo así podremos realmente perdonar a los demás. El perdón nos aleja de los deseos de venganza y aquellas emociones negativas que nos conflictúan. Las emociones negativas consumen tu energía, son como un parásito que se alimenta de tu vitalidad y que va creciendo tanto que comenzarás a marchitarte. Es bueno recordar que perdonar no significa olvidar, minimizar o justificar el daño. Tampoco se trata de reconciliarse con el agresor, podemos perdonar a alguien que nos hizo daño pero debemos alejarnos de nuestros agresores.

Eres el autor de tus sentimientos

En este libro hemos compartido contigo algunos consejos y estrategias para que retomes el control de tu vida y puedas lograr cambios significativos en tu salud mental. La codependencia ta ha hecho creer que eres una persona sin poder, pero esta es solo una imagen distorsionada, en realidad tienes mucho potencial dentro de ti, solo tienes que adoptar la mentalidad correcta para poder desencadenarlo. Todo lo que te propongas puede hacerse realidad si te liberas de tus ataduras mentales, el miedo es tu peor enemigo pero no es invencible, dentro de ti se encuentra una fuerza muy grande que puedes despertar por medio de ejercicios y autoexploración. La codependencia te ha hecho creer muchas cosas sobre ti que no son ciertas, la verdad es que tú eres una persona valiosa y que no merece sufrir todo el tiempo, nadie merece vivir de esa manera, todos tenemos derecho a tener vidas libres y plenas.

Ha llegado la hora de que te rompas tus cadenas, vive la de la manera que más te plazca, ve a los lugares que quieras visitar, haz las cosas que te gustan hacer, la única persona que te debe dar permiso para realizar tus sueños eres tú, tú eres el autor de tu propia historia. Toma las acciones que sean necesarias para estar cada día más cerca de tus vida ideal, no pierdes nada al intentarlo, tal vez encuentres algunas dificultades pero recuerda que el que no arriesga no gana y el peor intento es el que no se hace. La codependencia te ha robado tu vida, una vez que te haces consciente de esto puedes reclamarla de vuelta, lucha por tus sueños y por tu independencia, verás que todo lo que has vivido no es tiempo perdido si puedes aprender algo, si puedes dejar ir las cosas negativas.

Manifiesta tus pasiones

Ya has vivido durante mucho tiempo a la sombra de otra persona y reprimiendo tus gustos, es momento de que te liberes y te dediques a aquello que te hace feliz. Las personas codependientes piensan que no tiene derecho a disfrutar, pero no puedes seguir pensando de esa manera, expresa tus pasiones, realiza las actividades de las que te has privado y que te llenan de felicidad. Debes perdonarte a ti mismo por haberte hecho sufrir por tanto tiempo, entiende que no eras una persona sana, por eso eras tan duro contigo mismo, pero ahora que has comenzado a curarte y es momento de que te perdones. El perdón es un valor muy importante y si has perdonados a otras personas con más razón debes ser piadoso contigo mismo. Tus pasiones y deseos son una forma para salir de la autocompasión y dar un paso hacia la resolución de los conflictos.

Puedes mostrarle a las personas que te rodean que eres algo más que una víctima de sus conductas nocivas, eres lo que constantemente haces, así que si te dedicas a expresarte como un individuo apasionado y sincero entonces estarás mandándole un mensaje positivo a tu mente que te permitirá cambiar tu forma de pensar y poder perdonar a aquellos que te han hecho daño en tu vida. Tus deseos más profundos son parte de ti, es lo que te distingue de los demás y te ayudarán a recuperar la independencia que has perdido a causa de la codependencia. Ser una persona independiente es necesario para poder perdonar, alguien que depende de manera excesiva y no se valora a sí mismo no es capaz de ejercer el perdón, por ello es muy importante que te expreses libremente y ejercites tu individualidad para poder superar tus conductas dañinas.

Los 8 pasos de hacia el perdón

El perdón es algo que se tiene que ejercer de manera constante, es un camino que debes recorrer antes de intentar sanarte, si no aprendes a perdonar a las personas que te han herido a lo largo de tu vida, entonces no podrás ser alguien nuevo, vivirás atado al pasado y a tus comportamientos negativos. Perdonar en su etimología griega literalmente significa "dejar pasar", es esto lo que estamos buscando cuando hablamos de perdón, en dejar pasar las ofensas para que ya no las cargues contigo y puedas aligerar tu carga emocional.

1. Aceptando tu debilidad

El primer paso para ser una persona capaz de albergar el perdón en su corazón es aceptar que eres un ser desvalido ante la codependencia. Tú le has dado todo el poder a alguien más y te has sumido en un círculo vicioso de debilidad y dependencia emocional. Este estado mental es el que te ha llevado a renunciar a las cosas buenas de tu vida, no es que el mundo sea un lugar sombrío y cruel sino que has sido víctima de tus pensamientos negativos. Aceptar tu debilidad es el comienzo del camino del perdón, tu debilidad es lo que te ha hecho llegar a esta situación, así que ahora que eres consciente de esto debes tomar cartas en el asunto. No tiene nada de malo sentirse pequeño e impotente, pero esto no significa que no debes aceptar tu responsabilidad, fuiste débil pero ahora eres consciente.

2. Compartiendo la culpa

En todo conflicto hay por lo menos dos personas involucradas y ambas son culpables de lo que sucede. Cuando aprendes a aceptar tu culpa también debes entender que no eres el único culpable, todos aquellos que forman parte del conflicto tienen que compartir la culpa. En el caso de la codependencia tienes que aceptar que la otra persona te ha estado dañando constante y sistemáticamente, este es el primer paso hacia la liberación, por muy difícil que te resulte aceptarlo, por mucho que quieras a esa persona, debes entender que te está haciendo daño y que tú le estás ayudando. La culpa es un sentimiento que pone un peso muy grande sobre tu alma, si puedes compartirla entonces tendrás menos peso emocional que arrastrar, por ello tienes que entender que tú no eres el único culpable de todo lo que sale mal en tu vida.

3. Identificando a quién has dañado

Ahora que has hecho una reflexión acerca de tu debilidad y de la culpa que tienes de tus ofensas, es momento de que te hagas consciente de las personas a las que tienes que pedir perdón. No siempre tú serás el objetivo de las ofensas, tal vez sin que te des cuenta, tus actos y comportamientos han dañado a otros. Si eres una persona codependiente es casi seguro que has decepcionado en más de una ocasión a las personas que te rodean, tu dependencia excesiva te ha vuelto una persona incapaz de cumplir con sus obligaciones y cuidar de manera adecuada a las persona que están a tu cargo. Haz una lista de todas las personas que tus negligencias han hecho sufrir para que puedas resarcir tus errores, haz memoria de todas las personas con las que has interactuado en tu trabajo, en la escuela o en tu casa, es importante que recuerdes todo, hasta las cosas más pequeñas cuentan, tienes que involucrarte en una cruzada por el bien, para que puedas ser una mejor persona y dejes atrás las pensamientos negativos que no te dejan superar la dependencia excesiva y los sufrimientos que te provoca.

4. Enmendando tus errores

La segunda parte de pedir perdón necesariamente es la reparación de los daños, una disculpa no sería completamente sincera si no tuvieras la intención de resarcir los perjuicios que tus acciones han provocado. Una vez que has identificado a las personas que has perjudicado, discúlpate con ellos y pregúntales qué puedes hacer para que ambos puedan dejar atrás lo que ha sucedido. Si lo haces verás que todo será mucho más sencillo para ti, hacer las paces con las personas es una forma de librarte de las emociones negativas, te harás menos pesado el camino y estarás ejercitando el desprendimiento. Esto es muy importante para superar la codependencia, el perdón te ayuda a ser una persona mejor porque al ponerla en práctica estás ejercitando los siguientes valores:

- La paciencia
- El desprendimiento
- El compromiso
- La sinceridad
- La humildad

Conforme avances en la reparación de los daños verás que te sentirás bien, serás una mejor persona y tendrás más razones para estar orgulloso de ti. Todo esto tendrá una repercusión muy buena en tu salud y te ayudará a que dejes atrás los comportamientos dañinos que se relacionan con la codependencia.

5. Identifica tus fortalezas

Todos tenemos razones para sentirnos bien con nosotros mismos, hay fortalezas en cada uno de nosotros, es necesario que aprendas a identificarlas para que las pongas en práctica y las uses a tu favor en tu recuperación. Es importante que sepas distinguir una fortaleza real de aquellas que no lo son, tal vez pienses que una de tus mejores cualidades es soportar el dolor en silencio, pero esto no es una fortaleza de ninguna manera, esto más bien es un vicio, una forma nociva de afrontar los problemas delegando la confrontación, prefiriendo el daño que la incomodidad del conflicto. De igual manera, tienes que descartar la idea de que sacrificarte por el bien común es algo positivo, no es así, de nuevo estás evadiendo los problemas verdaderos bajo una máscara de altruismo y bondad. Encuentra qué es lo que te distingue de los demás y ejercita esas cualidades para que no vuelvas a caer en las conductas dañinas.

6. Busca la humildad

Para que el perdón sea sincero debe provenir de un deseo constructivo, de nada servirá que busques disculparte con las personas que alguna vez has lastimado si lo haces para demostrar superioridad moral. La superioridad moral para que sea real no tiene que demostrarse, no tiene que buscarse, la única superioridad moral que existe es la humildad. Si realmente admites tus errores y muestras un arrepentimiento verdadero y desinteresado entonces estarás demostrando que eres una persona con valores y que lo que buscas no es el reconocimiento de los demás, sino la sanación de tu alma. La humildad es un valor que las personas codependientes necesitan ejercer, pero deben hacer una distinción entre la humildad y ser indigno, ser humilde no significa que valgas menos que los demás, sino que adoptas una posición ante los demás en la que no afectas y no dejas que los demás te afecten. Las personas humildes son más felices porque no tienen necesidad de demostrarle nada a los demás, viven su vida de una manera más sobria y están al pendiente de las cosas que pasan dentro de su alma y no están tratando todo el tiempo de salvar a otros.

7. Rodéate de gente comprensiva

El perdón se puede practicar de mejor manera si estás en un ambiente que te permite demostrar tus debilidades. Necesitas estar cerca de personas que no te hagan sentir mal o menos por admitir que has hecho mal y que aceptas tu responsabilidad. De otra manera, no podrás sentir el verdadero alivio que el perdón puede aportar a tu vida. Si estás en un ambiente tóxico en el que las personas que te rodean desacreditan tus palabras y no aceptan tu sinceridad entonces será como si estuvieras tirando tus buenas intenciones a un pozo sin fondo. Las personas que no son comprensivas no pueden aceptar una disculpa, se aferran a su papel de víctima y no te permiten dejar los problemas en el pasado, seguirán regresando una y otra vez a la falta que cometiste. Si esto te sucede entonces es momento de que te alejes de estas personas, tu obligación termina en el momento en el que aceptas tu culpa y externas tu pesar, si la otra persona no está dispuesta a aceptar tu disculpa entonces debes alejarte, tú te sentirás mejor porque te habrás sacado del pecho esa carga que traías, mientras que la otra persona seguirá aferrada al dolor.

8. Encuentra la esperanza

Para las personas codependientes es difícil encontrar cosas que les ilusionen, sin embargo, es muy importante que encuentren un fin último, algo que le dé sentido a sus vidas más allá de las eventos de su vida cotidiana. Si tu mundo gira alrededor de la vida de otra persona, entonces tu vida parecerá muy básica y vacía de sentido, tus sueños y fantasías no serán muy grandes, te conformarás con muy poco, solo con que tu persona especial esté bien y que nada le falte. Este tipo de vida es muy triste, necesitas darle más sabor, algo que te ilusione y haga que tu perspectiva del mundo sea más diversa y amplia. La esperanza se puede encontrar de varias maneras, si eres una persona creyente entonces puedes acercarte más a la iglesia para que por medio de tu práctica religiosa le encuentres un sentido más profundo a tu vida.

Este apartado se ha tratado de un tema muy importante, el perdón, para avanzar en el camino de la sanación es necesario que perdones a las personas que te han hecho daño en tu vida y la persona que más te ha dañado has sido tú mismo. Si no aprendes a perdonar entonces no podrás ejercitar el desprendimiento, vivirás siempre aferrado a los pensamientos negativos y al pasado. Esto no es lo que necesitas, lo que necesitas es aligerar tu carga emocional y buscar nuevas formas de ver y experimentar tus emociones. Perdonar es beneficioso para la salud psicológica y física, ya que si la decisión de perdonar viene de nosotros mismos resulta beneficioso pedir perdón a quien hemos dañado de algún modo, fuera intencionalmente o no. Saber pedir perdón significa que podemos reconocer nuestra culpa y el daño que hemos cometido a la otra persona, así como el querer repararlo.

No siempre es fácil reconocer que uno ha dañado a otras personas, porque el ego y el orgullo se pueden interponer en el proceso de aceptación, pero si aprendemos a ser humildes y buscar enmendar nuestros errores entonces habremos crecido como personas y estaremos más cerca de superar la codependencia. Para que te sea más fácil poner en práctica el perdón debes tener en cuenta todo lo que has aprendido en este libro, debes construir autoestima, aprender a dejar ir, comunicarte efectivamente con los demás, establecer límites claros y darte el valor que realmente tienes. Todo esto se puede lograr si pones en práctica los consejos que te hemos dado en los capítulos anteriores, superar la codependencia es algo que no se puede lograr de manera sencilla, necesitarás mucha paciencia y esfuerzo para que los pequeños tropiezos que tengas a lo largo del camino no te desanimen, entre más difícil sea el proceso más gratificantes serán los resultados.

Capítulo Nueve:

Manteniendo la sanación

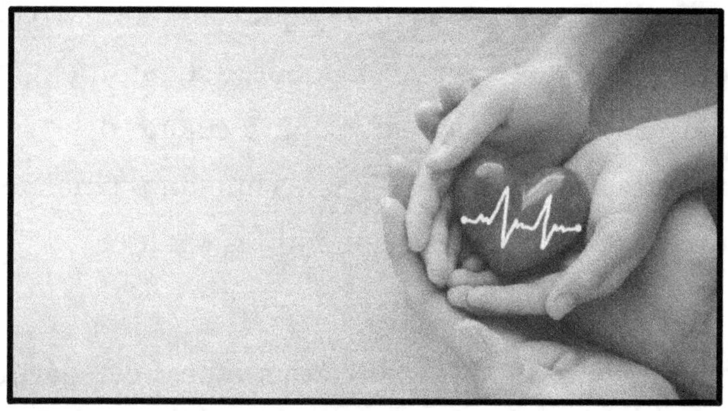

Para poder vencer la codependencia y que nunca vuelva a entrar en tu vida, debes tomar las precauciones necesarias para que no abandones el camino de la recuperación antes de que hayas conseguido buenos resultados. Sabemos que es mucho más fácil decir las cosas que hacerlas, pero para este punto del libro te hemos aportado suficientes consejos y herramientas para que comiences a hacer pequeños cambios en tu vida. Lo importante es que sigas por este camino hasta que los resultados sean lo suficientemente grandes como para que puedas decir "he superado la codependencia". Tienes que ser positivo y albergar esperanza en tu corazón, hay miles de personas en el mundo que han podido salir de este estado mental y que han retomado el control de sus vidas. No importa cuánto tiempo has estado bajo esta situación o cuánto daño ha soportado tu corazón, los seres humanos tenemos una capacidad de sanación impresionante.

Para finalizar este libro queremos compartir contigo algunos consejos finales que te ayudarán a continuar con tu recuperación, recuerda que él único que puede determinar el éxito de esta empresa eres tú, está en tus manos terminar lo que empezaste. Si has tomado nota de todo lo que hemos hablado a lo largo de todas estas páginas, entonces estarás preparado para afrontar cualquier dificultad que se atraviese en tu camino. Ha sido un proceso largo llegar hasta este punto, pero verás que todo lo que hemos aprendido te será de gran provecho si en realidad estás determinado a cambiar tu vida. Las oportunidades que se abren en tu camino son ilimitadas, está en ti tomarlas o seguir sumido en tu negatividad. No dejes que las cosas malas le ganen a las buenas, tú puedes inclinar la balanza hacia el lado positivo. Toma el control de tus emociones y de tu vida, seremos sinceros, no será sencillo, pero tampoco es imposible, la diferencia la hacen tu constancia, tu determinación y los beneficios que traerá a tu vida el vencer la codependencia.

La sanación es un largo camino

Con todo lo que hemos hablado sobre la codependencia y el camino de la sanación deberías de ser capaz de reconocer cuáles son los comportamientos nocivos que te han llevado hasta aquí y cómo combatirlos. Es un trabajo que tienes que realizar todos los días, no te será fácil pero si eres constante verás que los resultados serán gratificantes, no solo para ti, sino para todas las personas que te rodean. Muchas personas se desaniman cuando encuentran las primeras dificultades en su tratamiento, no te vamos a mentir, a veces el remedio puede parecer peor que la enfermedad, pero esto es algo natural, las personas que sufren de algún trastorno mental o anímico generalmente sufren de niveles elevados de ansiedad cuando comienzan sus tratamientos, esto se debe a que para curarse tienen que salir de su zona de confort y hacer algo que durante mucho tiempo han evitado: confrontarse. Lo fundamental es que no pierdas de foco que lo importante son los resultados que este proceso nos traerá. La libertad y la paz siempre se ganan luchando y por eso tú tienes que atravesar todas estas dificultades, vale la pena hacer todo esto solo por la posibilidad de ser la persona que tú quieres ser y no solo la sombra de alguien que abusa de ti.

La libertad de ser la persona que tú quieras

Lo único que te ha separado de la vida que siempre has soñado es tu inseguridad y tu miedo a enfrentar tus problemas, a tu abusador y tu propia culpa. Ahora que eres consciente de todo esto, entonces puedes plantearte objetivos para ser alguien distinto. Tú tienes el poder dentro de ti, tu mente contiene un potencial muy grande, está en tus manos desencadenarlo para que puedas sacarle provecho. Si eres una persona libre entonces tendrás más tiempo para ti, podrás ir a donde tú quieras y hacer las cosas que más te gusta hacer. La libertad es algo muy gratificante, podrás aprender mucho sobre ti mismo y disfrutar la vida de una forma que nunca creíste posible. Hay miles de testimonios de personas que han estado en la misma condición que tú, pero que han tomado cartas en el asunto. Una de ellas es la famosa escritora Melody Beattie, quien sufrió los estragos de la codependencia durante muchos años, pero que ha podido superarlos para convertirse en una escritora leída en todo el mundo y con una carrera muy sólida. Tú también puedes seguir el ejemplo de todas estas personas y llegar hasta donde te lo propongas.

Date permiso de hacer lo que quieras

El momento de reprimirse ha terminado, ahora estás en una etapa de tu vida diferente, en la que puedes darte permiso de intentar cosas nuevas, pero sobre todo puedes darte permiso de fallar. Nadie es perfecto y las grandes mentes de la historia no nacieron siendo genios, sino que enfocaron su energía en luchar por las cosas que les apasionaban. Lo mismo aplica para ti, si siempre has querido aprender alguna habilidad, dedicarte a algún pasatiempo o simplemente vivir de una manera distinta, entonces puedes hacerlo. Date permiso, tú eres el único que tiene el poder de decidir quién eres y cómo vives tu vida. Es necesario que te reconectes con tu yo interno, que escuches lo que trata de decirte y que salgas al mundo a buscar tu propio camino. El universo es tan grande como tus ambiciones, si no sales de tu cascarón entonces pensarás que el mundo es un espacio oscuro y reducido, pero no, puedes encontrar millones de cosas positivas que le den un nuevo sentido a tu vida. Las oportunidades no caen del cielo, se hacen, así que deja de pensarlo y lucha por tus sueños, haz crecer tus ambiciones, libérate de las cadenas que te atan y sal a explorar todo lo que esta vida tienen para ofrecerte.

Afronta tus miedos

El camino de la recuperación estará lleno de dificultades, pero es necesario que pierdas el miedo al fracaso y te arriesgues a buscar una vida mejor. Los miedos son un obstáculo constante en el camino de todos, son inevitables pero no por eso deben regir la forma en la que vives. Es de vital importancia que busques la forma de superar aquello que te impide continuar con tu camino hacia la recuperación, que dejes de pensar en el bienestar de los otros antes que en el tuyo y que te hagas a la idea de que lo único a lo que tienes que temer es al miedo mismo. El miedo puede ser tu peor enemigo, cualquier tarea que hagas, por muy pequeña y sencilla que esta sea, se puede convertir en una odisea, pero una vez que te hagas consciente de que es el miedo el que te está haciendo pensar de esta manera, entonces todo será más sencillo para ti. Uno de los principales miedos que enfrentan las personas codependientes es el miedo a estar solos. La soledad puede ser un motivo de mucho temor para alguien que sufre de codependencia, pero debes entender que no significa el fin del mundo. Muchas personas aceptan los abusos de su pareja por el miedo que tienen a terminar su vida solos, pero como dice el famoso dicho: "mejor solo que mal acompañado", debes superar el miedo a la soledad y dejar de sufrir por tus conductas dañinas. La soledad no es tan terrible como la pintan, a veces nos sentimos solos cuando estamos en una relación, no es una cuestión de compañía, es una cuestión de aprender a estar en paz con uno mismo.

Haz una lista de amor propio

Una técnica que te puede ayudar mucho a superar tus miedos es hacer una lista de aquellas cosas que has logrado en la vida. Tu cerebro responde a los impulsos que recibe, si haces una lista de tus logros y la lees en voz alta, entonces le estarás mandando mensajes positivos que te harán sentir mejor. La positividad se puede ejercitar todos los días, tómate un momento todas las noches para ti mismo y piensa en las cosas que has hecho bien ese día. Hazlo constantemente, verás que cada vez tendrás una lista más grande de cosas buenas. Estas listas pueden ayudarte a subir tu ánimo cuando estés pasando por un momento difícil. La negatividad empaña nuestras mente y nos hace pensar que siempre hacemos las cosas mal, pero esta es solo una falacia, si sientes que estos pensamientos negativos te asaltan entonces puedes leer tus listas de éxitos, esto te hará recordar todas los cosas buenas que hay en tu vida y te hará tener pensamientos más realistas. Cada vez que te sientas triste o temeroso, lee tus listas, haz un recuento de las cosas que tienes en tu vida y de aquellas por las que te sientes agradecido. No te detengas solo en hacer listas de las cosas del pasado, también escribe todo aquello que quieres conseguir a corto, mediano y largo plazo. Aliéntate a ser una mejor persona, a estar agradecido cada día por tener la oportunidad de alcanzar tus sueños y ayudar a que el mundo sea un mejor lugar, aunque sea desde tu casa y desde tu persona, tú eres parte del mundo y todo lo que hagas para mejorar tu vida tiene un impacto en él.

Sé más amable contigo mismo

Cuando eres codependiente te vuelves demasiado exigente contigo mismo, te estableces estándares muy altos que nunca podrás llenar. Este no es el final de la vida, nunca es tarde para sentirte bien contigo mismo, si puedes continuar aplicando todo lo que has aprendido, verás todo lo bueno que has hechos. Eres una persona valiosa, date un descanso de la ansiedad y de auto humillarte, si no comienzas a ser más amable contigo entonces no podrás superar la codependencia. Tu condición te ha hecho creer que no vales nada, que has desperdiciado tu vida, pero en realidad esto no es así, todo lo malo que te ha pasado en la vida se debe a que has perdido la fe en ti mismo, es hora de que dejes de compadecerte y realices acciones que te hagan salir adelante. Una de ellas es ser amable contigo mismo, no te castigues demasiado por ser débil, al contrario, sé más comprensivo, date el beneficio de la duda. Nunca te descartes a ti mismo, si no intentas algo nunca sabrás si eres capaz de lograrlo y si lo intentas y fracasas, entonces date la oportunidad de volver a intentarlo. Nadie es perfecto y aun las mentes más brillantes de tu generación han sufrido fracasos estrepitosos, con más razón debes ser comprensivo contigo que estás lidiando con la terrible carga que la codependencia pone sobre tus hombros.

Sé sincero contigo y con las personas a tu alrededor

La sinceridad es necesaria en cualquier relación, sin ella es imposible desarrollar confianza y lograr que las cosas prosperen. Debes ser sincero con todos, en especial contigo mismo, no intentes engañarte pensando que la persona a la que te sientes ligado va a cambiar, no esperes que un gran acto de amor incondicional borre los años de abuso y ansiedad que te ha hecho sufrir. Admítelo, reconoce que esa persona te está haciendo daño, que tú también eres parte del problema y, sobre todo, que necesitas ayuda. No hay nada de malo en admitir que has sido débil y que no puedes salir adelante sin el apoyo de alguien más, lo malo sería seguir mintiéndote a ti mismo y pretender que nada pasa o, peor aún, que las cosas mejorarán simplemente si te esfuerzas en ser una persona más cariñosa y comprensiva con aquel a quien te sientes ligado. La sinceridad es clave para superar esta condición y parte de ser sincero es abrirte con esa otra persona que te está dañando y hacerle saber todo lo que ha hecho para lastimarte. Sé sincero contigo mismo y entiende que no puedes seguir relacionándote con ese individuo como si nada pasara, necesitas guardar distancia, es inevitable.

Ponte en contacto con tus recuerdos de tu juventud

Esta es una técnica muy efectiva para conectarte con tu verdadero ser y dejar de pensar que siempre has sido miserable. Las personas codependientes pierden la dimensión de los eventos de su vida, sienten como si toda su existencia hubiera estado llena de dolor y pena. Sin embargo, esta es una idea que la dependencia excesiva proyecta sobre nuestra mente, la verdad es que eras una persona completamente normal hasta antes de desarrollar los comportamientos nocivos desencadenados por la codependencia. Si haces un ejercicio de reflexión verás que no siempre has vivido de esta manera, que tienes cosas en tu vida que pueden producirte felicidad y paz. Para saber quiénes somos en el presente debemos examinar quiénes fuimos en el pasado, tu historia personal puede darte las claves para entender mejor cómo te metiste en este problema y te puede dar pistas para salir adelante. No por nada existe esa famosa frase que dice: "el hombre que no conoce su historia está condenado a repetirla".

En este capítulo hemos abordado técnicas que te ayudarán a continuar con tu recuperación cuando hayas avanzado, ha sido un largo camino el que hemos recorrido, por ello necesitas estrategias que te ayuden a no desanimarte si encuentras algunos problemas. Superar la codependencia no es una cosas que se puede lograr de la noche a la mañana, por eso no te debes desesperar si sientes que no has avanzado desde que tomaste la iniciativa de cambiar. Tu cerebro está programado para ser dependiente de alguna persona y para no ver las cosas de manera objetiva, pero no por eso debes desanimarte, esto se puede cambiar. Tu mente es como una computadora que puedes actualizar para que dejes atrás todos los comportamientos nocivos que la codependencia ha instalado en tu disco duro. El cambio es posible si trabajas todos los días en ser una mejor persona, recuerda que nosotros somos lo que hacemos constantemente y si haces cosas buenas entonces serás una mejor persona. Para concluir, en la última parte de esta obra haremos un recuento de todo lo que hemos analizado en este libro y daremos algunas conclusiones para que al terminar de leer te quedes con una sensación de esperanza y buena voluntad.

Epílogo

La codependencia es un problema muy grave con el que miles de personas conviven, este padecimiento puede hacer que te olvides de todo lo bueno que hay en tu vida y te sumas en la depresión y la negatividad. La codependencia se presenta cuando entablamos relaciones nocivas con las personas que nos rodean, puede ser con un padre alcohólico, una pareja abusiva o con un jefe demasiado exigente. No es necesario que se presente una situación de abuso extremo, podemos volvernos codependientes de personas que queremos mucho y que se aprovechan de nuestro amor. Las personas que sufren de este trastorno muestran deficiencias para reconocer que tienen un problema ya que suelen justificar sus comportamientos negativos como una preocupación, como un simple deseo de ayudar a los demás y hacer su vida más fácil. Pero en este estado mental se ven comprometidas las libertades más básicas de la persona, dejan de tener voluntad propia para ser solo una extensión de esa persona a la que se sienten atados. Este es un problema muy grave que le puede pasar a cualquiera, diariamente miles de personas sufren en silencio los abusos de una pareja codependiente o de un familiar controlador.

En este libro hemos analizado a fondo cuáles son las principales características que se pueden distinguir en un codependiente, los factores que lo detonan y la relación que hay entre este padecimiento y las personas que son adictas al alcohol o alguna droga. Esta condición tiene su origen en una relación en la que uno de los integrantes abusa de su posición para sacar provecho de la otra persona, esto degenera de una forma tal que la otra persona solo encuentra satisfacción en su vida personal al entregarse en cuerpo y alma en hacer realidad los deseos y necesidades de su abusador. Este tipo de relaciones nocivas se puede dar en distintas situaciones, no solo se da entre parejas sentimentales, también es común encontrarla entre familiares o en algunos casos entre amigos o compañeros de trabajo. Los codependientes tienen problemas distinguiendo sus emociones porque piensan que todos se preocupan por sus seres queridos de la misma manera, pero mientras que la preocupación es una cuestión natural que se presenta en todas las relaciones humanas, lo que experimentan los codependientes es una obsesión compulsiva, algo que les impide ser miembros funcionales en su hogar o en su lugar de trabajo.

En la primera parte de esta obra hicimos un repaso exhaustivo de las características de la codependencia para que te sea más fácil reconocerla. Hablamos de cuáles son los tipos de codependencia que existen, cómo afecta esto a las personas que te rodean y los distintos patrones que se pueden reconocer en las personas que muestran esta patología. Además compartimos contigo un cuestionario que te permitirá ubicar en qué lugar del espectro de la codependencia te ubicas. Con ayuda de estas preguntas te será más fácil distinguir si tus tendencias codependientes son leves, moderadas o severas. Es importante que recuerdes que el resultado de estas preguntas no puede ser considerado como un diagnóstico clínico, el único capaz de hacer este diagnóstico es un profesional de la salud mental, por lo que si los resultados de tu cuestionario son altos te recomendamos que asistas con un experto a la mayor brevedad posible.

Los capítulos centrales de este libro se han tratado de cómo iniciarte en el camino de la recuperación, el primer paso, como en todos las enfermedades, es aceptar que tienes un problema, tener la humildad de reconocer que te has vuelto indefenso ante el abuso de otros y que necesitas ayuda. La ayuda profesional siempre será una recomendación que te haremos, sin ella te resultará doblemente complicado conseguir cambios significativos y duraderos. Es momento de que dejes atrás los prejuicios que la sociedad reproduce acerca de la ayuda psicológica, una persona que se acerca a un especialista no es alguien que esté "loco", sino que es un individuo que se preocupa por su bienestar emocional y mental, alguien que se interesa por mejorar como persona para ser un miembro funcional de su familia, su empresa y su comunidad. Estamos en el siglo XXI, ya es tiempo de que dejemos de estigmatizar a las personas que acuden a terapia, todos nos podemos beneficiar de ir con un especialista, sin importar si sufrimos de codependencia o no. Un terapueta es alguien se ha preparado durante largos años para hacer que la vida de sus pacientes sea más plena y tranquila. No lo dudes más, lo único que puedes perder son las cadenas que te impiden salir de tu sufrimiento, es momento de que te liberes y comiences a vivir de verdad.

Otra cuestión de mucha importancia en este libro fue el de las relaciones interpersonales, hablamos de los patrones negativos que muestran los individuos codependientes cuando se relacionan con otras personas y la forma en la que deben funcionar las relaciones normales. Para que puedas vencer esta enfermedad es necesario que vuelvas a aprender desde o cómo entablar relaciones funcionales. En este rubro, es determinante centrarnos en las relaciones amorosas y afectivas, ya que las parejas de los codependientes suelen ser las más afectadas. Para que tus relaciones amorosas funcionen compartimos una receta muy básica de cómo tener un noviazgo o matrimonio saludable. Los ingredientes son muy sencillos pero vitale: comunicación, límites saludables, atención, intimidad, una vida sexual satisfactoria, empatía y comprensión. La vida en pareja es provechosa cuando aporta beneficios y tranquilidad para ambos integrantes, pero si se convierte en una fuente de ansiedad y problemas entonces lo mejor es terminarla. Debes aprender a perderle el miedo a la soltería, no es lo mismo ser soltero que estar solo, puedes rodearte de muchas personas valiosas que abonen a tu bienestar personal sin que esto signifique que tengas que vivir en pareja.

En adición a lo anterior, hablamos de una herramienta fundamental para las personas codependientes: el perdón. Cuando vives con esta enfermedad necesitas aprender a perdonar, en primer lugar debes perdonarte a ti mismo y después perdonar a la persona que te ha hecho tanto daño. Solo por medio del perdón podrás desprenderte de la carga emocional que la dependencia excesiva pone sobre tus hombros. El perdón siempre es un valor positivo, pero tienes que ser muy cuidadoso de no confundir el perdón con la indulgencia, perdonar a alguien no significa que le estás dando permiso para herirte, en realidad, cuando perdonas a aquel que te ha lastimado lo que estás haciendo es dejarlo ir. Debes alejarte de las personas que te hacen daño, no puedes seguir soportando el abuso de nadie, si no sabes guardar distancia entonces no estás aplicando de la manera correcta el perdón.

Ha llegado la hora de que te tomes un momento para felicitarte a ti mismo por haber llegado hasta este punto del libro, hemos recorrido juntos un camino muy largo hacia un cambio de vida verdadero. Ahora que ya tienes herramientas efectivas para combatir la codependencia y superar las conductas nocivas que han hecho que tu vida haya sido un martirio interminable, verás que hay otras formas de vivir y que tú, y solo tú, tienes el derecho de elegir la que más te plazca. Ahora eres una persona distinta a la que comenzó a leer este libro, ya eres consciente de cuál es la psicología detrás de la dependencia excesiva y cómo esto puede afectar tu vida en todos los sentidos. Has iniciado tu camino hacia la sanación y has aprendido cómo hacer que tus relaciones de pareja funcionen mejor. El recuperación es posible si te tomas el tiempo para poner en práctica las estrategias y consejos que hemos compartido contigo en este libro. La constancia es fundamental para que salgas adelante, sin ella no podrás afirmar que has vencido la codependencia. No seas uno de tantos que abandonan su sanación antes de ver resultados significativos, pon todo lo que tienes dentro de ti para que las cosas no sean tan difíciles. Es una cuestión de derechos humanos, tú por el simple hecho de haber nacido en esta sociedad tienes el derecho a disfrutar de una vida libre y plena.

Estás en el camino correcto, si has tomado una determinación sincera de cambiar entonces debes estar orgulloso de ti mismo, para una persona codependiente algo tan sencillo como tomar una decisión se convierte en un acto de gran valor. La vida que te mereces está a tu alcance, ya tienes los conocimientos y las técnicas adecuadas para dejar atrás tus ataduras emocionales y las ideas de autodenigración que te han mantenido sumido en la desesperación. Superar la codependencia no es una tarea que se logre de forma sencilla, además tienes que seguir trabajando a lo largo de toda tu vida para que no regrese de nuevas maneras en tus relaciones futuras. El paso más importante es darte la oportunidad de ser la persona que tú quieras, si no consigues cambiar la forma en la que te percibes a ti mismo te será imposible dejar de depender emocionalmente de los demás. La vida nos presenta oportunidades para mejorar todos los días, es tu responsabilidad aprovecharlas, para esto es necesario que obtengas tu independencia y te separes de aquellas personas que no contribuyen a tu crecimiento personal.

Quizás el mejor consejo que te podemos dar en este libro es que te tienes que alejar de aquellas personas que te hacen daño, es algo esencial porque si no lo haces siempre seguirás siendo víctima de tus propias emociones y de los abusos de los demás. Las personas que quieres forman parte de ti, las llevas contigo a cualquier lugar que vas y te acompañan en todo lo que naces. Si te rodeas de personas nocivas entonces estarás arrastrando contigo una enorme piedra de negatividad que no te permitirá llegar a ningún lado. Si por el contrario, eliges personas saludables y que te apoyan en tus decisiones, entonces tendrás una fuente de energía renovable que te impulsará a llegar tan lejos como te lo propongas. Además, recuerda que la felicidad se multiplica cuando la compartes, si tienes a seres valiosos en tu vida, entonces tu bienestar se incrementará constantemente. La buena voluntad de tus amigos y familiares será lo que te saque de cualquier problema de codependencia, te ayudarán a ver las cosas de una forma más realista y te alentarán a no abandonar el camino de la sanación. Si una persona abusiva te ha sumido en la codependenica, una persona comprensiva te puede hacer retomar el buen camino.

Por último, no nos queda más que felicitarte por haber tomado la decisión de ser una mejor persona, recuerda que no le debes nada a nadie y la única persona a la que le debes rendir cuentas es a ti mismo. Eres un persona valiosa que está pasando por un mal momento, pero no dejes que un mala etapa te defina como individuo, nunca es tarde para cambiar y recuperar el control de tus emociones y pensamientos. La codependencia no es el fin del mundo, así como aprendiste a depender de manera excesiva de otra persona puedes aprender a recuperar tu independencia. Tienes a tu alcance la oportunidad de vivir de una forma saludable, ya has empezado el camino, entonces no te detengas hasta que hayas logrado tu cometido. Te agradecemos profundamente que nos hayas acompañado en este viaje, nuestro principal objetivo es darte un poco de esperanza y demostrarte que otros mundos son posibles. No estás solo en este problema, miles de personas están batallando con la codependencia y haciendo pequeñas mejoras en su vida que los llevan a tener relaciones más saludables. Tú también puedes lograrlo, el factor decisivo eres tú y qué tan convencido estás de cambiar. Ha llegado el momento de vivir a tu modo, si estás cansado de sufrir a causa de este trastorno, solo debes decir basta y dar el primer paso, el primero siempre es el más complicado, pero una vez que lo has dado, te prometemos que todo será más fácil.

www.ingramcontent.com/pod-product-compliance
Lightning Source LLC
La Vergne TN
LVHW011009200726